碧山

12

建筑师在乡村

出品
左靖工作室
Zuo Jing Studio

主编
左靖

中信出版集团 | 北京

图书在版编目（CIP）数据

碧山. 12, 建筑师在乡村 / 左靖主编. -- 北京：
中信出版社, 2020.4
ISBN 978-7-5217-1381-7

Ⅰ. ①碧… Ⅱ. ①左… Ⅲ. ①中华文化－文集 Ⅳ.
①G12-53

中国版本图书馆CIP数据核字(2020)第021557号

碧山 12：建筑师在乡村

主　　编：左靖
策划推广：北京地理全景知识产权管理有限责任公司
出版发行：中信出版集团股份有限公司
（北京市朝阳区惠新东街甲4号富盛大厦2座　邮编　100029）
承 印 者：北京华联印刷有限公司

开　　本：720mm × 960mm　1/16　　印　　张：16　　字　　数：300千字
版　　次：2020年4月第1版　　印　　次：2020年4月第1次印刷
广告经营许可证：京朝工商广字第8087号
书　　号：ISBN 978-7-5217-1381-7
定　　价：68.00元

目录

开展了『美丽乡村』创建活动；2015年初，又兴起了『特色小镇』建设风潮；2017年10月，国家正式提出『乡村振兴』战略。这些政策的出台，为改善中国广大农村地区的面貌、调整农业地区的经济结构和提高农村居民的生活水平提供了一系列的政策和财政支持。2000年以来形成的零散的、民间自发的乡村建设浪潮，转变为由国家主导的自上而下的乡村建设运动。

其间，大批建筑师下乡从事乡土建筑的营造，并随着乡村振兴成为一个社会话题，我们也很容易在各种媒体上看到他们的身影。历史上，建筑师也许从来没有像今天这样贴近大众生活。在编辑《碧山10：『民宿主义』》时，我就计划用两辑的篇幅来讨论建筑师在乡村的工作。但我的关注点是以建筑为媒介，讨论建筑师在乡村建设过程中的作用。在我的预设中，深入乡村开展工作的建筑师，不单单是一幢幢建筑物的设计者，更是乡村社会的设计者——他们主动或被动地承担了乡村相当一部分的经济、社会和文化的设计任务——从某种意义上说，更像是在进行乡村的『社会设计』。

『社会设计』（social design）的来源也许可以上溯到20世纪70年代博伊斯的『社会雕塑』。社会设计探寻的是设计在解决社会问题中所具有的潜力，也即运用人类的创造力探求社会各种复杂问题的解决方案。与我合作的日本设计活动家长冈贤明就是这样一位『社会设计家』（当然，他的职业底色是一位平面设计师）。用安藤雅信的话来说，『长冈贤明追求的是设计社会，即可持续发展构想在社会设计过程中的转化，在日常生活中时时思考如何进行这种「不设计」的设计，这样设计就可以变成一种创造力，为我们的社会做出贡献』。

将社会设计的概念放到乡土建筑领域，也就是从建筑师踏入乡村的那一刻起，他就必须要考虑与营造相关的，以及与狭义的营造无关的诸多事宜。前者需要考虑建筑的地理与气候条件、历史文脉、传统材料、新技术和成本等职业范围内的事情，后者则要应对如土地制度、村民诉求、公共文化、农村产业等更偏向于社会学的内容。由于每位建筑师的知识背景、价值观和探索目的不尽相同，建筑师在乡村的实践呈现出不同的面貌。就像王维仁发问的那样：『相比于城市，乡村给中国建筑师比较多元的实践机会。因为大家的探索方式和目标不一，那么有没有可能从里面产生新的、与社会关系相连的建筑学理论与工作方式呢？』

我是建筑的门外汉，但在自己和他人的乡土建筑营造过程中，我学到了很多。在《碧山》这两辑的编辑中，我仅以一个乡村工作者的身份，把这几年建筑师在乡村的工作整理、罗列，并呈现给大家，如果能由此引发一些讨论，那么我们的编辑工作就有一定的社会价值了。

2020年1月13日于上海

卷首语

建筑作为一种社会设计

左靖

2010年，我买下安徽黟县关麓村的一幢清末民初的小四合屋，随即开始和当地工匠合作，对它进行修缮。在徽州乡下修这样的老房子，是没有建筑师概念的，不过那些年老且经验丰富的工匠有着自己的建造语法，掌握着修建的秘诀。在我看来，乡土建筑本来就是乡绅和工匠合作的产物，前者规定精神的尺度，后者规定物质的尺度。徽州民居以砖木结构为主，砖匠、木匠各司其职，先后有序，配合默契。哪怕是最近这些年，古宅里增加了满足现代人生活需求的生活设施，以及超出常规要求的保温除湿功能，特别是独立的卫浴系统，他们基本都能在不破坏原来建筑结构的基础上，『螺蛳壳里做道场』，将其一一安置和解决。修缮关麓民居的过程，让我从头到尾学习了什么是徽州民居，什么是乡土社会中的匠作系统。在这个过程中，职业建筑师是缺席的。倒是有两位台湾建筑师到访过这间古宅，各自丢了一句话，让我至今印象深刻。谢英俊说，能住这样的宅子，是上辈子修来的（福气）；黄声远说，（民间工匠）把我们建筑师的饭碗抢走了。

我有幸生在徽州。数百年来，由于交通不便和经济欠发达，虽历经劫难，这块土地仍旧给我们留下了大量的古代建筑遗产。早先来乡下买老宅的，多半是有一定情怀的乡村生活的爱好者。他们的到来，对乡村来说，是利弊共生、喜忧参半的。2014年在北京，我曾向吕舟老师请益，希望遗产保护领域里的专家能够帮助我们出一本《古民居修缮导则》。参差不齐的认知水平，对古建筑的保护和活化利用而言，是充满着不确定性的。民间自发的这种修缮，虽说让村民开始重新审视自己视如敝屣的老宅，从而对保护起到一定的作用，但往往修缮的开始就是破坏的开始。幸运的是，碧山的几间古旧建筑的修缮，因其活化内容上的出色表现而受到广泛赞誉，而建筑改造本身倒是其次。同样地，在这个过程中，建筑师也是缺席的。

建筑改造也开启了我所谓的『乡镇建设』。2015年，我去了黔东南黎平县的茅贡镇。也是在那一年，我把自己的工作步骤总结为三个生产：空间生产、文化生产和产品生产。在这个乡村（镇）建设的框架里，空间生产是第一步。我所定义的空间生产，指的是创造具有当代文化交流功能的新的公共空间，通常由改造旧的或废弃不用的建筑并赋予它们崭新的功能来实现。在茅贡镇的实践，是我在乡村（镇）第一次跟建筑师合作，这次合作让我了解了建筑师在乡村所应该扮演的角色。

回到大的国家政策层面。2013年，农业部组织

卷一 专题

裁缝。工匠。秀才。农民

乡村永续再生的另一种建筑（师）可能

任翔

建筑师何崴设计建造的、位于浙江省松阳县平田村的『爷爷家青旅』

新乡土建筑的问题和可能性

晏阳初、梁漱溟等一代知识分子尝试自下而上的民国乡建运动已尘封近百年。而近10年来，中国自上而下驱动了新一轮乡建，其中在村落建筑遗产资源的永续再生领域，一支新的来自建筑学科的职业骨干力量涌现出来。这些职业建筑师积极介入中国新乡建，他们的文化理想和建筑学这一古老学科对价值的追求相互融合，催生出了一系列高质量的有传播力的焦点建筑，短平快地形成了一套建筑设计动力机制，从而能够联动更为宏观的“建设美好乡村”集体愿景。

新乡建的热潮正涌向特色小镇和新型城镇，然而真正的考验在这一轮热潮退去后必将凸显。从实体层面看，当代建筑设计在新乡建中加入了相当数量原先成为盲点的场地及构筑，满足并开发了各种或同质或异质的物质文化需求，并在相当程度上促成了城市剩余资本向乡村第三产业的流动。但它是否兑现了建筑学的学科目标和职业期待，即建筑是否有可能像其他专业领域（如现代农业或金融）一样，作为催化剂参与到乡村这个“盲区”更广阔的社会的永续再生和发展当中，并做出贡献，仍有待时间给出答案。

在各学科学者的不同视角下，中国乡村现有的乡土建筑遗存具有多样但趋同的文化价值，然而这些价值与它们的日常使用者（即广大村民）之间却存在巨大差异。通俗地说，在村民眼里，这些乡土建筑未必重要。暂且不提来自社会、政治和经济层面的宏大叙事使农民与土地形成分离的态势，也不提当代建筑的设计者、建造者及使用者三方难以合一的情况，以及乡村房屋及土地产权的混杂困境，单从建筑学的技术服务与创造角度来分析，造成这一价值分野的，主要是以下一系列基本问题。

首先，虽然乡村曾经和现有的乡土建筑都同时指向房屋实体和设计建造过程，但房屋实体还有可能得以保护或延续，而设计和建造方式在几百年里已经不可逆地进化，而且至今仍在持续不断地进化中。

其次，中国传统的建筑过程是设计（职业建筑师缺位）与制造（工匠、村民协力手工）的紧密结合，二者互为依存。这个建筑过程受到一代一代缓慢进化的技术工具、社会制度、经济模式乃至政治体制的推动，同时亦受其制约，以至当中国乡村家庭、个人生活发生剧变后，这一过程除了能让文化工作者考古怀旧外，已经不具备真正反映或促进当代村民生活的作用和意义。

再次，从乡土建筑的实体层面来看，当代建筑师所掌握的设计工具和语言虽然已使他们具备了高度还原并重复某种特定乡土建筑实物的能力（包括其外在形式、内在结构以及空间氛围），但实际情况是，他们早已远离了建造和制造加工的前线，而习惯了以一个具备艺术或技术能力的图纸作者的身份，“掌控”建筑设计的艺术精度及建造的完成度。在这种情况下，即便他们具有传统意义上的匠人精神，也不可能再拥有特属于那个时代的基于手工建造的工匠技艺。

当代建筑师当然可以牵头，或身体力行打造一个又一个“无法复制”的范本，或重新学习基于地方的民间匠作系统，但建筑（包括当代建筑）所依存的经济模式已不可逆，那些几百年前的材料和建造工艺在当代已多半不可获得（或对日常使用者不再适用），除非转变目前能源的使用方式和获取方式，或转变经济增长方式，但这属于更深层面的问题了。

鉴于现有地权结构、工程项目运作规则等特殊国情，中国建筑学界和业界普遍沉醉于建筑物体语言和理论辞藻，远离建筑背后的社会驱动因素和网络。这一趋向与立场可谓根深蒂固，但也情有可原。现代主义被碎片化吸收后，建筑师可谓名利双收，不可能走下自搭自建的“神坛”。在情怀与名利的双重驱动下，当代建筑师群体通过设计乡村建筑提升他们的业界地位与话语权，符合理性逻辑。他们是否出于真诚，是否务实参与，并对乡村建设 “盲区”的再生发展做出贡献，旁观者往往一目了然，乡村建筑的日常使用者更是直接用“脚”投票。处于风口浪尖的当代建筑师，该以何“馈赠”地理偏远、经济落后、资源匮乏的乡村，该如何最大化地关照父老乡亲的日常生活和情感诉求，并把扰动降到最低?

毋庸置疑，能源、乡村以及城乡经济的发展模式不可能被哪一个服务类的学科和职业所左右。基于时代背景和产业链约束，在当下的中国乡村，建筑师如果想拥有西欧早期现代主义建筑先驱那样力挽狂澜的机会，只能寄希望于重新与使用者合作，并引导使用者参与设计和建造。

「爷爷家青旅」的施工现场

宽泛概念下的参与性建筑设计在西欧（比如英国和德国）已经历了长达半个世纪的密集思辨和践行总结，也曾在20世纪末期短暂、片断性地在中国试验（如鲍家声先生从荷兰、美国体系引入的支撑体住宅试验，以及随后延续至今的开放建筑体系探索）。而另一方面，重新与使用者合作，引导使用者参与设计和建造，是否将在目前中国乡建的特有状态下触发一种新的建筑可能——一种建筑师习以为常的主流设计价值观和方法论发生剧烈转变后，乡村永续再生甚至建筑学学科和职业取得跨越式发展的可能——是颇为值得期待的事。

当代中国乡村的永续转变以获得广泛共识的“软着陆”为目标，基于此背景，本文以来自北京的建筑师何崴近三年的实践为例，试图探讨建筑师与建筑设计在介入乡村实践中的角色作用、能力范围和社会责任，以及经由使用者的参与所培育的、具有创造性的空间实践在（社会）生产维度上重新梳理乡村人地关系的可能性。这种可能性实现的过程和结果之一，是建筑师（作为或代理相对强势的资源索取方）与乡村（作为相对弱势的资源供应方）之间关系的接近，以及二者在一定程度上的和解。而这种可能性实现的前提，是政策制定者和实施者要相信建筑（师）设计具有改进优化的潜力，并尊重设计参与过程中所产生的自发性及其可能带来的附加价值。

新乡土建筑合著者

几乎从一开始，何崴及其团队就呈现出了少有的谦逊和敬畏之心，并将他们的乡村实践付诸点滴的行动之中。这或许与何崴的大学教师身份及其常年在象牙塔里教书育人的生活状态有关，也植根于他多年来在广大乡村的所见、所闻与所感。中国乡村或独立或依赖，或淳朴或圆滑，或静谧或浮躁，或饱满或凋敝，不可否认，这种双面并置及异质共存的状态，奠定了何崴以村民使用者为核心的乡村建筑设计观和设计方法论。他们以厘清来自具体村子、村民、村镇干部的现实需求为每一个项目的起点，接着针对设计任务，对既定观念进行反思和延展——这一步尤为困难，因为这些既定观念往往来自政策制定者及实施者和建筑师本身。在合适的解决方案最终呈现之前，这个不断思考、反思、延展、后退（洗涤）的过程，伴随着大量正式或非正式的设计沟通与反复修改，磨砺着何崴及其团队，考验着他们在每一个乡村建筑项目背后与各方的权力博弈过程中是如何坚守住职业、执业的信念与价值观的。

在河南新县西河村，由何崴主持设计并于2014年建成投入使用的西河村村民活动中心在建筑社会价值上的成功，正是这种朴实的“做好一个乡村建筑师”理念的成功。项目缘起于一个颇为宏观的规划设计公益行活动——“英雄梦·新县梦”，却落实在了微观层面，即贫困村民的生产生活上。经友人引荐，何崴在项目正式立项之前就参与其中并发挥作用。在建筑方案设计上，他尊重现有场地特质及可用资源，也尊重包括村干部在内的绝大多数村民的具体意愿和诉求，从旧粮仓体量的取舍，到室内榨油构件的落位，都尽可能多地关照到了村庄传统礼仪、仪俗及风水禁忌，以及传统建筑公共与半公共场所在村民日常生活里的意义；在现场施工建造上，他坚持以现场交换意见和在地决定判断代替虽能进行深度控制却远离现场实际情况的施工图纸，低成本、低技术地实现了传统砖构、木构以及较为现代的钢构之间的良好组合，吸引了大部分村民的自发参与，形成了协力建造、各司其职的集体劳动场景。

当然，给予村民及工匠高度的设计建造自主权，将不可避免地带来诸如错梁、补错梁等在现当代建筑职业体系里易被定义为“业余”或“平庸”的建筑语言表达，但另一方面，也带来了诸如餐厅西墙上的砖花建构这样惊艳的作品，以及村落归属感与建筑认同感等非物质层面的成就。从新建筑的后期使用上来看，两层通高的空间满足了聚餐和会议等对外开放的功能需求，而粮油展厅则既保存了传统工艺标本，也尝试发展了以创造经济效益为中心的微产业。相当面积的室内外空间未从设计上

图1：西河村媳妇们在工地
图2：参与建设的智障村民——“宝宝”张因成
图3：工匠张思齐用自己的手艺完成了镂空砖花墙的施工
图4：工匠张思齐和木匠在工地

被定义，反而促成了村民在不同时节里对空间不同形式的占有与使用。诚然，时常上锁的部分室内空间透露出建筑师在面对中国乡村特有的模糊产权状态时，参与建筑背后权力博弈的疲软与无奈，但从某种程度上来说，正是建筑师自始至终有意识地压抑如签名作品般的设计建造冲动，才重新并真正将这个朴实却极为实用的新建筑“送还”给了这个有着300多年历史的老村落。

在浙江省松阳县平田村，于2015年建成投入使用的“爷爷家青旅”又一次反映了何崴及其团队在建筑设计建造中，对低扰动、参与性新建筑介入老村落的设计模式的探索，项目的建成使用亦强有力地证明了它所承载的设计附加值。作为集合设计加速当地村落（旅游）复兴的一环，建筑师在不排斥商业运作逻辑的同时，看重使用者个体的“之前”记忆与“之后”体验，并将这块场地的使用者从过世的爷爷延

西河村村民在改造后的平台演皮影戏

村民在改造后的建筑中唱戏

村民在庭院中活动

左上：西河村村民活动中心改造前的场地西侧入口及餐厅

右上：改造后的餐厅西立面

左下：改造前的粮仓

右下：改造后的粮油展厅

展到了每一个来村落旅游的青年背包客。但由于“之前使用者”与“之后使用者”均不在场，所以如西河村项目那样鼓励使用者全程参与设计建造是不可能的，因此，建筑师将使用者的重心放在提高建成空间的互动率上。在建筑室外的处理上，设计最大限度地尊重了老民居建筑原有的外在风貌和内在夯土结构（只在上层土墙切开了一条水平景窗），保持其在村落已有的交通格局，并通过增设新的室外环境设施予以强化；室内改造则加入了村落常见的本色轻型木梁柱结构，以及村落较为少见的彩色围护材料系统，通过这种对比性的、可逆性的改造，将室内转变为新旧并置、可灵活使用的通用空间，增强单元与单元之间、使用者与使用者之间及年轻使用者与老建筑之间的互动，通过空间的激活来加速整个建筑乃至村落的活化。

从更宽广的视角来看，建筑师为一个具体的建筑进行“量身定做”，运用专业知识和经验“补缺补差”，既让乡村的日常使用者居得其所，又吸引了包含城市青年游客和潜在中青年城市流动人口的返乡回流。一个建筑

（师）设计本身固然微不足道，倘若能星火燎原般重新建立人与土地的联系，必能在扎根—离乡—寻根的衍化中贡献一条可供选择的建筑之路。

何崴的建筑设计是一个通过反复深度洞察、向非专业使用者学习转译，以及通过“半专业”人士的设计介入来获取具体问题并设计解答的过程和活动。建筑师将常年积累的乡村研究兴趣点和关注点以一种较为抽象、间接的形式注入乡村项目中，对真实乡村社会、具体生活空间、村民细微生活进行亲身体验、回忆和再现，并将这种宝贵的、潜在而未被发掘透的经验转译成一个具体的、能够回应此时此地的问题的解决策略和设计立场。建筑师运用所掌握的专业技能和工具，对项目、场地、资源和使用人群等要素进行全面解读，与业主和使用者一起逐步起草、制定并完善任务书，建立起一个基于专业与非专业合作的参与性设计平台。设计在这里成为一个地方知识求索过程中的工具手段，而非最终的解题性建筑结果，而项目后期的发展也通过设计的反复优化来探求、测验和论证。何崴作为建筑师，在设计过程中则从一个“建筑（知识）作者、传授者”隐身为一个“建筑（知识）生产促进者”，或可说是“建筑（知识）协作创造者”。从何崴主持的

『爷爷家青旅』的施工现场

「爷爷家青旅」二楼室内白天效果

设计师和木匠在现场讨论

项目不难看出，在当前中国乡建背景下，一个建筑师的工作要比一个传统建筑师的职责更加广泛。换句话说，我们更需要的是“综合型建筑师”，即从将建筑作为高高在上的艺术作品的单一型作者，转变为一个集“裁缝建筑师”、“工匠建筑师”、“秀才建筑师”和“农民建筑师”于一体的新乡土建筑者。

建一个新建筑就是答案吗？

从中国乡村永续再生的更高层面看，建成的实体建筑就是答案吗？倒也未必。一个好的乡村建筑师，会为以村民为主体的使用者设计出适宜的建筑，但适宜的建筑却未必是一个被现有职业价值体系认可的（比如形式漂亮的，或构造精美的）建筑。有一种倾向是明显的：一个好的建筑师，一提到名字，人们脑海里一定会浮现出一个或一系列建筑作品，甚至记得住某个特定角度的作品图像，却记不起那个建筑师的名字，就像一个清晰的建筑概念图解更容易被内行和外行同时记住，而施工平面图上那些细碎的门窗标注却被忘记一样。建筑师自古倾向于建立较为封闭的建筑话语系统作为建筑文化生产非常重要的组成部分——譬如精心回应的文脉，精心适应的地形，精心打造的意象，精心组织的体量，精心推敲的细部，精心控制的施工……它们最终都终结并固化为几幅艺术效果图和动人的杂志照片，呈现给通常是外行人的使用者。如果说对空间、结构、材料、造价等进行统筹处理是建筑师这个古老的职业的看家本领，那一个真正具有人文厚度、具有

改造后的西河村村民活动中心室内

现实意义的好建筑，则一定是社会生产出来的。

何崴在乡村建筑设计实践中，对“使用者”这个概念有自己的理解和诠释。它不仅指在房屋直接居住或观光的“使用者”，还应包括所有与这个房子、这个项目相关的人。比如希望从这个房子获取知识的人也是“使用者”，他们往往未必有机会亲临现场，但他们可以通过读图和文字来了解或进一步理解这个建筑。又比如在新乡土建筑营建过程中的帮工、换工传统所形成的“使用者”，因为他们高度参与了建筑的过程，所以建筑的实体和意义也得到了他们的认同。这种来自心理上和情感上的认同，使这些“使用者”远远超过狭隘的物理使用者，而成为更高一个层面的“社会使用者”。

每个乡村建筑都始于某类使用者的某个简单需求，而那个需求往往顺带出具体的空间问题。而困惑在于，建筑师作为建筑知识掌握者很容易相信自己已经发现了使用者的问题，并提出经过多年职业训练而得的所谓“唯一”解。诚然，作为外来专家，建筑师的建筑可以提供一个颇具参考价值的选项，然而客观地说，谁也不能保证那就是最优解。遗憾的是，现实往往偏向后者——建筑师想的、说的、画的、做的建筑，与使用者最终真实使用的那个建筑，好比两种不同的方言，常常无法沟通，更无法协作。一个从艺术美学角度来看非常漂亮、从技术科学角度来看非常高效的建筑，真的就是解决问题的最佳答案吗？依然未必。这些年的乡建热潮中，有

儿童在西河中玩耍，背景是改造后的西河村村民活动中心餐厅

大量当代乡村建筑作品创造了很高的行业文化价值，遗憾的是，它们却被日常使用社群逐步遗弃。这恰好印证了几十年前英国建筑理论家锡德里克·普赖斯（Cedric Price）的观点，即要解决具体场地问题或使用人群的诉求，建一个新建筑真的不见得是答案。

那么，对于当下中国乡村及其任重道远的永续再生来说，什么样的建筑是一个好建筑?

一个好的乡村建筑能增强使用者的日常生活体验，既可以提供一个午后小憩的空间，也可以将一顿普通的晚餐聚会提升为一次难忘的家庭或邻里记忆。建筑对使用者日常生活的贡献绝不仅仅来自视觉美学，还来自设计建造过程中的能量交换和情感投入。使用者的参与使得场所和环境产生意义，原来抽象、匀质的场所变成具体的日常行为发生的场所，这也是乡村建筑最本质的存在。一个好的乡村建筑的背后不仅是一个好建筑师的故事，还是一个更为广阔的、动态的社会性的因子网络系统——每一个与该建筑相关的使用者或人力资源都是一个因子，他们在这个因建筑而生发的动态网络里重新找到了自己的位置，并建立了与周边环境的新联系和新认同。

在一个好的乡村建筑的设计过程中，多种多样的使用者的参与可能并不会对最终建筑形式和功能产生质的影响，却在不自觉的对话、协商和辩论中增进了乡村社群的包容性和社群组织的凝聚力。这样的社群在面对日后难料的各种或自然或人为（如新的经济模式、价值观念、生活方式等）的冲击时，能够像弹簧一样恢复原初系统，形成宝贵的内在力量。在一个好的乡村建筑的建造过程中，被边缘化的使用者会因为参与建造而收获工钱、技能，以及更为宝贵的村落认同感和社会归属感。之后，这个社群还可能将此次建筑的收获分享给境遇类似的其他社群，从而达到物质和精神的共同进步。在一个好的乡村建筑的使用过程中，甚至是实体还未建成时的半使用过程中，具有社会参与性的建筑的积极能量和鼓舞作用就会展现。社群成员成为创造性的使用者而不是被动的接收者，他们自发地调整平立面并巧妙地使用剩余空间，这一点可以从中国广袤土地上乡土聚落数百年的有机演进中再次找到依据。

这些依旧清晰可见、依旧打动人心的转化、转进的力量和潜力，毫无疑问是建筑同时作为一个学科和职业所追求的核心价值之一，在当下中国乡村或许更为珍贵。值得强调的是，这种转化、转进的力量和潜力，绝不仅仅来自建筑的物质空间，而是过程中非物质元素养育和激发的结果。它就像一个媒介介质，不仅建立起人与物的新关联，而且还重建了人与人的关联，这在当下中国乡村从宗亲族群向当代社群的急剧转化格局下显得尤为重要。而此时，建筑本身作为一个实体结果的意义和价值，虽依旧重要却已然淡化，乡村建筑师与建筑评论家们也终不必再为其意义和价值是否足够承载地方文化身份或达到了美学传播标准而争执不休。当获得了这层来自社会学和人类学的、有厚度的视角，并以此去重新审视乡建时，也许会发现，真正意义上的乡村建筑是不会“完工”的。这是一个不会完结的建筑过程，因为物质实体“结果”的建成，只是下一阶段多重使用者重建“过程”的开始。

（本文图片均由何崴建筑工作室提供）

乡村建造中的「轻」骑兵

程力真

朱竞翔主持建设的甘肃会宁库去村『芭莎·阳光童趣园』

在中国乡村建造的各路精英中，似乎从一开始就有这样一支队伍——他们在条件艰苦又偏远的地方，用极快的速度建起轻盈而坚固、低调又独特、具有良好物理性能的建筑空间。虽然乡村建造中面临复杂的问题——简陋的施工条件、不完善的基础设施、远距离的人员物资调动与多层面的利益平衡等，但是这支由香港中文大学朱竞翔教授带领的队伍斩获颇丰，并在"轻"字大旗下将设计的概念和理想一一落实到真实世界的建造中。他们建造速度快捷且过程把控精准，犹如一支快速反应的轻骑兵，成为乡村建造中的一道独特风景。

一、从重到轻——轻型建筑系统的意义和目标

朱竞翔在中国建筑学教育历史最悠久的东南大学完成了从本科到博士的专业教育。经过有条不紊的学习和实践，他成长为一名设计师和研究者。

1995—2005年，他在江苏进行了10万平方米的设计实践。然而这大量的建筑项目最后被他归纳为一个字——“重”，并成为他对专业进行反思，最终组建轻型建筑系统研究队伍的起点。

朱竞翔在专业上的反思集中在一个问题上：在建筑学的基本问题中，什么才是最本质的且具有决定意义的？在建筑领域，轻与重是对立的。这种重与轻的对立，指的是建造活动相较于自然和人类社会的不同态度。高能耗、高保险系数、不可逆的建造对于地球环境来说，是不可承受之重；低能耗、精准没有冗余的建造、可逆的设计才是理性和克制的策略。“轻”是一个全面的概念，代表一种谦逊、务实、进步、开放的建造态度。

朱竞翔并不是唯一一个以“轻”作为设计解题方式的建筑师。国内外许多设计师都采用过“轻”的概念，但是朱竞翔的独特之处是他所设计的轻型建筑的目的在于长久和舒适地栖居，这有别于追求形式之轻，有别于追求建构概念的纯净，也有别于临时性的轻型建筑。概括而言，此“轻”追求的是“轻而强”。这个“强”在建筑学本体层面可以解释为坚固、生态与高品质。坚固是一座好建筑的品质，然而“轻”不等于“弱”，“重”不等于“强”，随着人类技术的提升，实现轻而强的理想应该成为具有可持续发展理念的专业共识。高品质是指此轻型系统的作品不因建造时间短而忽视品质，而是追求“质与速”的兼容。一般的轻型建筑往往同时有热物理性能差的缺点，而对朱竞翔团队来说，建筑舒适度始终是研究中重要的一环。研发团队通过进行建筑物理性能的研究、设计、测试、改良等一系列工作，把对空间品质的追求落实到数据上。

“轻而强”在社会学层面代表的是，通过建造活动提升设计的人文关怀，引发社会的关注。建筑设计一旦落地，就会超越建造本身，涉及广泛的社会层面问题和复杂的利益关系，这往往也是建筑理想在利益各方的拉锯战中折戟沉沙的原因。因此，要做到“轻而强”，设计师要具有集中各专业进行合作和平衡各方面利益的综合运作能力。

自2008年以来，朱竞翔的轻型建筑系统团队见缝插针地在世界范围内进行了20多项设计实践。每个项目都汇聚了建筑学从基本问题、基本技能到社会运作、社会关怀的全息内容，同时在乡村建造中兼顾社会问题的思考，让建造活动超越专业范畴成为具有更广泛价值的乡村建设途径，让设计成为整合资源的核心，以实现设计的全面价值。

二、从震灾到乡建——轻型建筑系统亮相的舞台

极端条件下的需要往往成为新技术脱颖而出的好机会。2008年的汶川大地震激发了快速建造技术的需求，国内外各路建筑精英迅速投身灾后重建工作。朱竞翔的研究彼时已经有了完整的成果，因此也积极参与了灾后重建的竞赛，但他的设计最终没有被采用，原因是他所提供的技术和造价优势超出常规的认知，因而被质疑其可行性。这促使朱竞翔决心寻找机会让理论落地，变为令人信服的现实，也促使他的研究从赈灾的临时设计转向乡村建造的舞台。

破土而出的新芽

在香港“龙的文化慈善基金”和香港中文大学新亚四川重建基金的资助下，经过8个月的研究测试，朱竞翔的第一座轻型建筑在四川省剑阁县下寺新芽小学落成。

这座小学是围绕中央庭院布局的4栋单层建筑，工厂生产，现场组装，可异地重建，具有抗震、舒适、环保的特性。上层结构只用了两周便搭建完成，建筑面积437平方米，包括4个标准教室、一个多功能教室及教师办公室，可以容纳280名学生和5位教师。[1]建筑采用了团队第一个研发成果——“新芽复合体系”，其结构为轻钢龙骨与木基板材组合成的复合结构，预制构件采用1.82米的平面结构模数进行开口、构造、组合的设计，建筑造价仅为1 300元/平方米。由于建立在研究的基础上，轻型建造系统一亮相便脱颖而出，显示出深厚的专业积淀，许多手法在日后变成团队标志性的做法。

首先是建造方面，具有一般快速建造的优点，如工厂预制、轻量运输、现场组装，同

---

1 《下寺村新芽环保小学，广元剑阁县，四川，中国》，《世界建筑》，2010年第10期，48~56页。

时具有一般快速建造不具备的空间舒适度。这个目标的实现有赖于新芽系统在建筑物理性能方面执行的三个原则：（1）具有精细的热工设计的维护体，追求“六面连续绝热”构造；（2）利用蓄热体稳定室内温度波动；（3）设计具有高性能的窗。[1]多方面共同的作用使得空间具有良好的物理性能。

其次，结构采用“复合体系”，即构件打破常规，混合受力：C型钢架结构承受重力，维护体中的木板承受侧推力；结构与维护构件之间的连接使用机械方式，少用黏合剂，这使得建筑的系统之间受力分工明确又相互依赖，结构稳定又便于快速拆建。

受到现代主义先驱的启发，下寺新芽小学在基础施工中利用了当地的资源，并将废旧材料做提升建筑热容的隔墙、地坪或者隔热防潮层等，消化吸收了建筑垃圾。虽然基础的准备和场地的清理用了一个多月时间，但这正是朱竞翔倡导的，通过多个系统合作，兼顾建筑性能、环境保护、传统工艺以及村民工作机会的多元共赢的方法。

1 夏珩、朱竞翔：《轻型建筑围护系统的热物理设计——新芽轻钢复合建造系统的项目案例》，《建筑学报》，2014年第1期，106~111页。

左：下寺新芽小学用废旧材料制成的水磨石地面

右：提升建筑热容的传统工艺——砖砌隔墙

下寺新芽小学还使用了太阳能热水淋浴设施和粪尿分离的厕所，以便在缺乏基础设施的情况下也可以获得相对卫生的条件，这些新的技术和实践使得该小学成为乡村接受新建造观念的窗口。

破土而出的“新芽”即刻引起了业内、媒体和政府机构广泛的关注。随着第一个项目落地，2009年，朱竞翔获得“WA中国建筑奖”。“新芽体系”如它的名字一般，具有强大的生命力，在2008—2017年的9年时间里，其实践运用超过7次，并且在很多特殊条件下展示了它的开放性和适应性。

乡建与轻型建筑系统的成长

2008年是轻型建筑系统在乡村建造实践的元年，这一年同样也是中国乡村建设史上的一个重要节点：浙江省安吉县出台了《建设“中国美丽乡村”行动纲要》，提出要用5~10年时间，把安吉县打造成中国最美丽的乡村。经过政府部门的考察，安吉的经验获得肯定。2013年，农业部组织开展“美丽乡村”创建活动，正式启动了全国的美丽乡村建设热潮，原本自下而上的乡村建设变成了自上而下的一场轰轰烈烈的运动。

与此同步，2008—2013年，朱竞翔带领的轻型建筑系统团队已经完成了9个实践项目，其中7个项目落地于乡村，包括3座乡村小学——四川下寺新芽小学、四川盐源达祖小学、云南美水小学，3座在偏远乡村的工作站——四川鞍子河宣教中心、四川栗子坪工作站、四川白水河宣教中心，以及上海浦东湿地禁猎区工作站，并实践了新芽体系、箱式体系、板式建造体系和框式系统4种类型的体系。这些实践使轻型建筑系统积累了丰富的乡村建造经验，形成一系列有特色的策略，示范了如何以工业化应对地域性，以基地选址开拓土地利用方式，以开放、可逆的设计应对乡村建设的不确定性，以及以专业集成的优势克服基础设施欠缺、条件简陋等困难。

● 标准／多样

以工业化作为特征的轻型建筑系统如何处理地域性差异？朱竞翔认为可以分三个层级考量：第一个是设计层级，即体量、形态、色彩、肌理、景观、方位、基础与气候的考量；第二个是社会层级，即关于场地文脉和工作机会的考量；第三个是心理层级的考量。[1]

设计层级的考量可以以构件的适应性为例。一方面，参数化和信息化的工作方式使设计系统具有标准化的多样性，可以针对地域性进行调整；另一方面，某些构件采用了在地的方式进行设计与建造。例如与场地连接最紧密的基础，在下寺新芽和盐源达祖小学中采用了比较传统的条形基础和多层构造来提升保温防潮性能；在几座地处陡峭山地的工作站中，采取了点式独立基础，让建筑凌空架起，以减少对地表原生环境的影响；在云南美水小学的建造中，因为下雨遇到“橡皮土”问题，团队利用当地传统的“万年桩”做法，用不容易腐烂的松木桩打入基地解决了土质带来的问题。[2] 每一个项目的基础都会因场地条件不同而有所不同，让设计在标准化和多样性之间找到平衡点。

社会层级的考量可以以2014年的江苏省徐州市新沂市窑湾镇陆口村格莱珉乡村银行为例。这个设计由于工作周期超短，因此尝试了以白水河宣教中心为原型，通过变异生成一个新作品的方法。通过分析研究具体乡村社区生活的需要，该设计不但提供了所需的民间金融服务空间，同时也提供了展示、会议、员工住所、公共浴室等综合设施和有硬质铺装的公共广场，让建筑成为乡村中的重要公共场所。其解决问题的途径为：通过对现状的分析，用适宜的设计提升乡村空间的凝聚力，留住

1 华黎、朱竞翔：《有关场所与产品——华黎与朱竞翔的对谈》，《时代建筑》，2013年第4期，48~51页。

2 张东光、朱竞翔：《基座抑或撑脚——轻型建筑实践中基础设计的策略》，《建筑学报》，2014年第1期，101~105页。

人、吸引人；通过近距离分布式的预制件生产和半工业化的当地工匠的配合，为当地和周边提供新的工作机会，以建设为中心展开乡村生产的升级与再组织。[1]

心理层级的考量需要设计者对使用者进行有针对的心理分析。以鞍子河工作站为例，因为项目地处偏远的山区密林，林业工人长期在野外环境工作，因此特别设计了与野外不同的、舒适而人工色彩鲜明的建筑，突显与环境的不同，提供心理上的安全感。

● 耕地／山地

选址是乡村建造设计的重要开端，轻型建筑系统团队有意识地尽早介入这个环节中，指导NGO（非政府组织）或者乡村管理者进行合理的选址。团队具有的研究精神使之不但要充分梳理地理环境、村落肌理走向、场所感的塑造等问题，还要从土地利用的角度进行基地选址的考虑，比如四川白水河自然保护区宣教中心案例。项目位于与汶川直线距离40千米的龙门山皱褶带中南段，建筑原本选址在冲

1 史永高：《作为一种乡村建设路径的轻型建筑系统——徐州陆口村格莱珉乡村银行》，《建筑学报》，2015年第7期，17~21页。

四川白水河自然保护区宣教中心轻型缆车设计实景

积而成的山谷小块平地上，经过团队的研究与建议，最后选择了靠近村庄的一块无耕种价值的边角山地上。基地到公路落差20米，基地内部也有1.5米高差，周边布满人工林，对设计形成挑战，但是这样的选址具有示范价值：利用山地建房以保护更多的耕地，同时也能避开雨季洪水对谷地建筑的危害，尝试并示范在运输条件非常困难的山地建造空间的方法。[1]最终，通过建造与机械运输系统有关的有机组织和集成设计，用轻型缆车解决了难题：先架设缆车，后建房。缆车在施工阶段解决运输问题，在建筑投入使用后成为一个便捷的交通方式，拓展了一个新的山地设计方式。

● 当下／未来

朱竞翔团队在乡村实践的建筑主要有三种类型：教育建筑、工作站和金融机构。教育建筑和金融机构是乡村中非常重要的公共建筑。我国早期的著名乡村改造实践者

1 张东光、韩国日、朱竞翔：《轻型建筑系统的山地营造——四川白水河自然保护区宣教中心》，《建筑学报》，2013年第9期，16~21页；张东光、韩国日、夏珩，等：《轻型建筑系统的山地应用——使用轻型缆车的四川白水河自然保护区宣教中心》，《时代建筑》，2013年第5期，112~119页。

四川白水河自然保护区宣教中心

晏阳初先生认为，乡村建设千头万绪，其中的关键就是“建乡须建民”，建议从教育入手，经过知识—技术—生产—健康—组织力量的相互关联，达到乡村的自立更生。[1]由于当前乡村人口的流失和政策的不断变化，朱竞翔在设计中考虑了让那些针对当下需求设计的公共空间具有开放性以提高建筑的应变力的问题。下寺新芽小学的标准教室可以转作乡村中心或者老年活动中心，四川白水河宣教中心的空间设计考虑了未来转型为山地客栈或民居的可能。以开放的设计应对不确定的未来，也是可持续发展的一个方式。

有时，乡村建造活动的变数之大仅靠功能置换已经不足以解决。日本九州大学田上健一工作室的在读博士范懿在对国内近10年来的14所乡村偏远地区小学的调查中发现，虽然很多学校的建筑具有良好的性能和使用状况，但是仍然因为“撤点并校”的政策而面临废弃。[2]在这样的不可抗力之下，轻型建筑体系可以快速拆除、异地重建的特点和以可逆性对抗极端的不确定性的优势，把损失降到了最低。团队的第一个作品——下寺新芽小学在投入使用4年后，遇到高铁建设要穿过地基、学校不得不拆除的情况，而由于系统研发时已经考虑了其可逆性，所以团队反将其视为一个检验的好机会。

● 众力／困境

城市中成熟发达的基础设施是建造施工的保障，而在偏远的乡村，基础设施的欠缺使建造活动受到很大的束缚，比如缺乏电力、水源，运输能力低下或者无法雇用人力进行现场施工等。作为一个设计研发团队，除了向结构、技术寻求合作外，还可以将物理、施工、材料、制造加工、物流运输、社会科学等知识体系结合起来，利用集成设计方法跨越学科体系，汇集众力为解决乡村困境寻找新途径。

集成设计的功效集中体现在一项跨国工程——肯尼亚内罗毕MCEDO学校的建造中。该项目需要在非洲内陆城市近郊贫民窟建造一所500余平方米、有10间新教室的学校。陌生的语言环境和9 000千米的距离，使工作充满挑战。项目组首先通过结构与机械两个专业的设计人员、加工技术员的合作，开发出核心体系——“折叠

1 晏阳初：《开发民力，建设乡村》，《平民教育与乡村建设运动》，北京：商务印书馆，2014年4月，398页。

2 范懿、田上健一：《关于中国乡村的自由与多样化的学校建筑的后期考察研究——以纠正教育的不均衡和震灾复兴为目的》，《住区》，2015年第5期，28~43页。

肯尼亚内罗毕MCEDO学校利用Y形「折叠结构」建造的教室内景

结构”，[1]即利用Y形可以折叠的支柱和楼板构成空间的基本骨架。全部主体结构可以折叠放入5个集装箱，让远距离的运输成为可能，从而奠定项目可行的基础。之后，通过大量工作完成任务的各个细节。最后，通过多方协作，集成制造和信息的各方优势，共同克服基地资金、技术、设施短缺等困难，完成从设计到远距离运输、异地搭建的“浩大”工程，造就了“三十天在九千公里外的贫民窟建设一座学校”这个神话，产生了积极而深远的社会影响。

实现原型迭代的童趣园

轻型建筑体系研究的目标导向是预期市场需求。把建筑作为类型化的产品，通过与制造企业的联合，将精良的设计与快速的建造推广到社会需要的层面，让环保的快速现代化成为可能。

2015年，受北京市西部阳光农村发展基金会之邀，团队为甘肃省会宁县大沟镇库去村设计“芭莎·阳光童趣园”项目，旨在解决留守儿童学龄前教育问题。团队通盘考虑了西部地区幼教工作面临的各种困难，如从建造

1 吴程辉、朱竞翔：《折叠结构——肯尼亚MCEDO学校的结构设计与建造》，《时代建筑》，2015年第2期，48~53页。

乡村孩子和他们的「大玩具」——童趣园

库去村「芭莎·阳光童趣园」实景

到后期使用、从支教人员短缺到物资匮乏等，提出一个问题：倘若拿走了玩具与教具，一个空间还能够吸引孩童吗？围绕这个设计核心问题进行的思考带来了全新的答案：一个特别的预制板式木结构建筑，看上去就像由标准化的格子单元组合成墙体和地面的小木屋。格子的设计融合了家具、教具、玩具、储藏、结构、采光、维护等多种功能角色，构件的可变和凹凸不平的格子单元带来丰富的空间和光影效果，使它成为一个超大的玩具，有效地解决了从建造到教学的多层面问题。它有很多优点，如自重很轻，基础可以调节，对场地要求低，可以整体拆迁。它首次搭建

只耗费了8天时间，随后，又受到邀请在更短的时间内完成了一次原型迭代。

迭代是运用在数学和软件开发中的方法，指从初始出发寻找一系列近似解来解决问题的过程。[1]“芭莎·阳光童趣园”在库去村实施之后的两年中，这一建筑模式受到其他许多地区的青睐，希望在极短的时间内进行复制。团队通过迭代的方式完成了超过40栋的项目，实现了在批量和因地制宜的定制之间的平衡，并且还将原型成功转化为茶室、公益展馆、会议室等多种类型的建筑。设计越来越成熟，而建造越来越简化，甚至可以通过产品安装手册和示范搭建引导未经训练的人员，2~3天即可完成一幢。这个作品完成了从原型到批量产品的转化，成为轻型建筑体系在乡村建设中达到的一个产品化的新高度。由于不断复制形成的符号性，以及特殊的创新型建造技术带来的社会关注，童趣园吸引了众多媒体和公众关注偏远乡村幼儿教育问题，实现了社会传播的效应。在研究与设计、公益和商业之间获得平衡的童趣园受邀参加2016年威尼斯国际建筑双年展，并以又一个迭代的作品——“斗室”成为以“平民设计，日用即道”为主题的中国馆最受喜爱的实体展示作品之一。

三、从建造到经营——轻型建筑系统带来新的乡村建设启发

近年来，在工业化社会向信息化缓慢转型的过程中，已经凋敝的中国乡村会有怎样

1 朱竞翔、韩国日、刘清峰，等：《从原型设计到规模定制——如何在建筑产品开发中应用整体设计及敏捷开发？》，《时代建筑》，2017年第1期，24~29页。

的未来？乡村与城市是相互关联的共同体，它既不应该是城市的简单模仿，也不应该是炮制传统、制造景观式的“乡愁”的寄情之所，乡村的真实生活和发展所需才是动力之源。史永高老师在《“新芽”轻钢复合建筑系统对传统建构学的挑战》一文中，为轻型建筑体系以适当积极的主动生态策略来优化传统建筑热工性能、提升当代乡村生活品质的做法点赞：“这是一种不因文化责任而后视，倒因现实生活而前望的态度。”

轻型建筑体系研究在乡村中的实践只是全部工作的一部分，但是体系自身的特点使之特别适宜于较小规模的快速建造和条件艰苦的乡村实践。这种面向未来的建造方式希望通过建设带动乡村生产生活的经营，不断给乡村建设带来启发。

新的价值的传递对于乡村建设具有积极意义。乡村与现代化并不矛盾，对城市的东施效颦式的模仿并非解决问题之道，乡村需要在自己的需求上建立现代化的示范案例。轻型建筑体系团队的工作技术含量高，呈现出有别于传统乡土建造的价值，对乡村生活的提升发挥了先锋示范作用。

高校科研力量具有的综合实力能为乡村建设提供有力的支持。轻型建筑体系通过建造活动让设计与研究的力量介入乡村建设，并利用自身优势，带来专业集成的可能，以探索更广泛的乡村建设途径。此外，由知识精英平衡自下而上的民间资源和自上而下的政府资源，能在平衡利益的同时最大化地保障乡村发展，也不失为一条可以借鉴推广的乡村工作组织途径。

轻型建筑体系对于具有不确定性未来的乡村建设需求具有很高的价值。因为它建造快，造价低，功能可逆，不永久占据土地，有助于剥离土地产权和土地使用权，拆迁也不会产生大量垃圾。童趣园的原型迭代案例充分说明这种体系对于当下乡村建设的吸引力，为乡村建设的灵活性提供了新的思路。

“轻是一种质量，因为精准而没有冗余”。[1]朱竞翔带领的这一支“轻”骑兵，以研究和设计作为锋利的武器，以组织和管理作为迅捷的良驹，成为推动乡村向兼顾现代化与和谐自然发展道路挺进的生力军。

（本文所有图片来自香港中文大学朱竞翔教授工作室）

1 史永高：《“轻”的质量》，《建筑学报》，2014年第4期，1页。

松阳双村叙事

冯立

改造完成后的平田村四合院及巷道　摄影：冯立

一、由城及乡

在香港高密度的城市环境中，香港岛的西区依旧保留了一种近人的尺度与乡土气息。王维仁的建筑设计研究室就在西环山坡上的一栋唐楼里。研究室占据着唐楼的底层铺子，进深十来米，前面临街，后面是一个由一道石挡墙围定的小院，挡墙石壁上有一株大细叶榕。在日复一日的通勤爬坡中，摩天豪宅边上的土地庙、沿街唐楼的各类小铺、依山就势的街市菜场反复进入视野，西环城市与山的关系以及丰富的旧区街道生活也就无形中沁入身心记忆中。在这样的环境中工作，设计的房子或许也就沾得一点地气。

过去的20年，王维仁老师一直在研究传统建筑与村落，想把四合院的形态在高密度城市里转化成为具有尺度感和结合自然的现代建筑，亦可以说是在城市里实践“乡村建筑”。这些年乡建大热，机缘巧合，研究室开始陆续在浙江南部的松阳县里做了一些项目。和以往不同，这次是反过来在乡村里实践结合现代的传统建筑。

对于我们而言，在村子里做项目，首先是看一个个具体的村子有没有什么从地方传统中留下的“宝贝”值得借鉴，通过梳理乡里自然与文化历史，探寻村落“叙事教化”的空间。所谓“叙事”，就是说空间是会讲故事的，而它讲的故事，有时遮蔽在重叠的历史里，并不那么显而易见，因此需要“探寻”；所谓“教化”，我的理解，就是这个空间所叙述的故事对空间的使用者产生潜移默化的影响或者规训。同时，在乡村实践的过程中，反思城市中失落了的“一种人本和尺度的价值，一种建筑生态与自然关系的价值”。

在随王老师参与松阳乡建项目的两年里，往返香港与松阳之间，我对于松阳的自然与人文，以及地方叙事也渐渐有了些认识。从香港到松阳，需要先飞到温州，再坐高铁到丽水市，再转巴士到松阳县。一路溯瓯江而上，穿越碧水青山，最后抵达县城所在的松古平原。平原为瓯江的上游松阴溪冲刷而成的宽阔谷地，土地肥沃，四周群山环绕。平原及山谷之中尚有几十个大致保持传统风貌的村子，散布在这秀丽的浙南山水之中。松阳县城即位于平原的中心、松阴溪的北岸。县城以西，有几十余米高的缓丘连绵若屏，所以县城名为西屏镇。县城以南，百余米高的独山造型峻峭，与县城隔河相望，镇守整个松古平原。县城中有一条老街，铁匠铺、理发铺、秤匠铺、药材铺、纸扎铺、裁缝铺和百年面馆等店铺沿街一字排开，有着浓郁的生活气息，是本地活的文化传统。

二、平田村，云上的村子

沿县城北上数里，即进入仙霞山脉中云雾缭绕的四都乡。松阳的山村一般沿着山坡地形发展，村子的风水好，除了村后的山头和左青龙右白虎的山势，还有村前溪谷与水口龙穴，加上周边丰富的林木和山产，形成一个相对自给自足的“生态体系”。村落的房屋格局以因地制宜、简单实用为主，三开间一字形夯土房是标配，如果是大户人家，则房子中间带一个天井，再讲究一点的，还有砖砌门头。

平田村是四都乡的一个典型山村，一座座夯土房子依山就势，随山坡向上发展。平田村江姓人家占了大半，江斌龙从小就在此长大。这20年来，他目睹了中国经济发展带来的城乡变迁，年轻人外出打工加上村子间的裁并，朋友亲戚一个个离开老家搬到县城，村里空置的房子越来越多，一栋栋逐渐残破倒塌。2014年，这个登记在册有300多人的村子，仅剩十几个老人还在村中居住。

整修平田的老房子，恢复平田村过去的繁荣，是江斌龙这几年来一直筹划的事业远景，而整修祖父的四合院老宅，更是他父亲——平田的老书记多年来的心愿。

经由县里保护古村建筑与社区活化政策的推动，江斌龙收来亲戚们空置损毁的十几栋老房子，计划整修成休闲民宿。民宿是一个“集群设计”，负责村子保护规划的罗德胤老师邀请来许懋彦、何崴、徐甜甜以及王维仁等建筑师朋友，分别负责一期工程的几处民宿、青旅及餐厅等的改造设计，名为“云上平田”。与其说“云上平田”是一个民宿，不如说是一个以村民为主体的村落复兴工程，村民、地方政府与当代的设计力量合力，为凋敝的村子注入活力。

从村口沿着石块路面逐级而上，就是我们研究室自2014年起负责改造的第一个四合院餐厅，亦即江家的四合院祖宅。在一年多的设计和施工期间，我们参与了整个设计与营建过程。建筑师包揽设计监工，既要协调经费和指挥工种调度，也要和匠师村民们讨论瓦砖的铺法和收边。开工的前两个月就要准备杉木备料，来自邻村塘

新的木构立架起来，外围是保留下来的老夯土墙　摄影：叶大宝

改造前的江家老宅，接近废墟的状态
摄影：王浩然

后的4个木匠已经在附近的祠堂里开始锯凿削刨，把所有的木架构件准备齐全，用毛笔标示分类，柱梁、檩条、椽子清楚排列，井然有序。宅基地方面，我们尽可能保留住外围可用的夯土墙，不堪使用的腐朽木料则放火一烧，百年的老宅只剩下空荡的地块和天井的石基，以及四周高高一圈残存的夯土厚墙。

当地的师傅是不看施工图的，于是我们研究室的设计师王浩然便将所有部位的图纸模型打印出来，一片片墙体和一个个窗子进行解释和放样。很多时候，我们是一边施工一边调整设计。王老师在描述四合院餐厅边茶亭的建造经过的文字里，生动地体现了这样的工作状态：

> “四合院开始施工后，我们开始和小江建议亭子的想法。等到厨房屋顶平台搭起来后，在这个转角建个观景茶亭的构想更显得呼之欲出，即刻得到大家的确认。除了亭子楼下可以设个村民麻将间，直接连到主屋二楼南面的木平台，楼上的茶亭更成为沿着步道上来进入村里广场前必经的地标。亭子一盖起来，它的正面，也就是东侧厢房覆土的屋顶，瞬时呈现了公共空间的广场潜力。费了好大功夫说服乡里这是村子的公共空间，从村规划的基建设施里挪了经费，利用看工地的那个周末连日赶工铺瓦。”而在建造过程里逐渐浮现的，“是四合院本身与周边环境以及村民参与的叙事，经由设计和施工期间村民的生活参与

改造后的茶亭与亭边的公共空间
摄影：王浩然

所逐渐完成的、原来设计者对村落公共空间的想象投射。”[1]

“云上平田”一期启动后，吸引了不少周边城市的游客专程前来体验，县城里的居民平日也会开车过来吃饭，由此带动的就业机会使村里的青年从城市回流，村民开始意识到村里的土房子的价值。慢慢地，“云上平田”依托在地资源，将经营拓展到自然农法、农事体验、扎染工坊等方面，与此同时，村子里的戏台、祠堂中断数年的节庆传统也开始恢复。

三、界首村，溪边的村子

相较山村，松古平原上的村子在历史上更为富庶。村中，四合院的形制屡见不鲜，旧时的有钱人家更盖起了多进多路的组合建筑，请东阳的木匠师傅来雕梁画栋。

界首村即是一个保存较好的平原上的村子。从松阳县城沿松阴溪一路上溯，经过古市镇，就来到位于松古平原上游末端的界首村。平原在这里收窄，村子就沿着松阴

1 王维仁：《平田新四合院杂记：院落、开间、身体和土木的思考》，《时代建筑》，2016年第2期，106~113页。

亭子广场即将完成的下午照例茶歇吃点心，参与的工匠和村民们坐在广场外围的大石上，和江老书记高兴地议论新广场和旧牛棚 摄影：王维仁

溪畔狭窄的谷地发展。溪两边奇峰罗列，山岩多呈红色，是典型的丹霞地貌。

从区域经济的角度来看，明清时期，界首是区域性木材、食盐的转运基地，亦是旧时松古平原与金衢盆地之间的重要交通孔道与渡口。来自温州的食盐逆流而上，经界首卸货分装运至衢州甚至上饶；来自上游仙霞山脉的木材顺流而下，经界首捆扎运至青田。村子因此而勃兴。民国时期，陆路运输逐渐代替水路，加之连年战乱，村子渐渐不复昔日之盛。

村子里有一条从西北至东南纵贯全村的老街，长约500米，历史上是松阳通往遂昌的官道的一段。一栋栋四合院垂直于老街，比邻而建，形成典型的鱼骨状的聚落肌理。老街上的建筑都坐东朝西，向着松阴溪以及对岸的远山。走在老街上，马头墙错落，两侧大宅墙基的卵石如鱼鳞般整齐排列。老街的核心位置有三座青石过街拱门。第一道拱门前，是当年的客栈以及震东初等学堂。第一和第二道拱门之间，是村子的核心空间禹王宫的所在。第二和第三道拱门之间，则是村里的大姓刘氏所建的宗祠。这三座拱门及其包围的区域，结合地方地景与人文叙事，构成了界首重要的集体历史记忆与公共空间。

历史上，松阴溪多次泛滥，因水而兴的界首先民出于对禹王的敬重，将

界首村老街上的过街拱门。第一座拱门的楹额上写有『括水浚疏』四字，寓意括苍之地水流疏通；面朝禹王宫一侧分别上书『功垂奕祀』『德被苍生』，表彰大禹的功绩　摄影：冯立

禹王宫设在了村里最显赫的位置上。乡民不但经常到禹王宫烧香还愿，还在重要节令举办庙会，在宫前大戏台演戏酬神，正月十五在禹王宫举行的元宵灯会更是热闹异常，是乡民的年度盛事。随着水路的衰落，禹王宫在村民日常生活中的地位渐渐下降，20世纪50年代以后，便不再有庙会的记载，但从与村民的访谈中得知，当时尚有在戏台听戏、看露天电影的习俗。

可惜20世纪80年代初，禹王宫前的老戏台不知何故被拆卸后卖给了温州商人。1982年，在戏台原址上建起了大会堂。然而，大会堂未曾真正发挥作用，反而被用作仓库多年。而禹王宫则一度沦为牛棚。到了1996年，一把意外的大火将原本恢宏的禹王宫烧得只剩下门厅，门厅后仅残留柱础，成为废墟。后来，在禹王宫、大会堂周边，慢慢地盖起了三层楼高的砖混房。原先村子里主次有序、富有层次的叙事空间，变得支离破碎。

2015年，界首村被列入中国传统村落名录。我们研究室也受邀对界首村

左：2016年3月大会堂沿街立面改造前
右：2017年6月大会堂沿街立面改造后
摄影：冯立

的一些公共节点做建筑改造设计。界首村乡村公共议事空间有着长久的传统。大戏台之后原有申明亭，亭子面向松阴溪，古时是村里调解民间纠纷及议事之所。而禹王宫边，则有清末创立的震东初等学堂。清末时，留日归来的村民刘德怀创办了震东初等学堂，学堂以祠产（主要是刘氏宗祠）与寺产（主要是禹王宫）作为办学经费来源及办学场所，折射了宗族与民间信仰的结合这一村落及村际社会的合作机制。[1] 100年后的今天，在复兴传统村落、建设美丽乡村的潮流中，如何在这个过程里面做到不只是保存古迹，而能以村民为主体，孕育出新的生活，是我们较为关注的事情。

四、大会堂记

2015年，平田村的四合院改造接近尾声，县里和乡里希望我们研究室协助进行界首大会堂的改造设计。我们团队到现场测绘，明确空间构建的详细尺寸，判断建筑的砖瓦构造。会堂室内原先是电影放映的场所，故而十分幽暗。会堂是典型的20世纪80年代砖混墙加木桁架结构，山墙正立面朝向禹王宫，背面朝向松阴溪的一侧则是一道实墙。

1 田正平、叶哲铭：《现代新式学校与乡村民众生活——以佳村震东小学为个案》，《华中师范大学学报（人文社会科学版）》，2009年第5期，116~123页。

会堂木桁架吊装中，两侧是保留的砖墙
摄影：王浩然

王老师在老街两侧来回踱步思考：这样的建筑形态，当年被移植到村里，取代了传统戏台，其硕大的尺度对传统的历史肌理来说，应该是一个很大的文化震撼。这之后若干年，它带来的新模式中包含的文化功能，如电影观赏和节庆活动，也成为村民集体的空间记忆。拆除现有会堂，重建戏台，恢复“禹王宫—戏台”的历史格局是一个可能的方案，可是戏台并未留下任何影像资料，基址也荡然无存，重建并不简单。另一方面，废弃的会堂虽不是历史建筑，却也是一时一地留下的具有特色的建筑遗产。王老师还清楚地记得他第一次推开会堂老旧深锁的木门时的情景。光线打入昏暗深邃的空间，空气带着霉味，抬头可隐约看到高耸的木桁架，雨和光线从瓦间的空隙落下来，令空间呈现出一些戏剧性。我们除了思索未来的会堂如何保存那种木桁架和光线透进来的氛围，更进一步思索如何打开会堂便可看到松阴溪和远山，把会堂变成一个室内外皆可使用的村落的公共空间。

保留大会堂的想法得到了村里及县里的认同。那么，未来的会堂可以具备哪些功能呢？对一个传统村落而言，会堂所在的关键区位和建筑尺度应该有怎样的设计策略呢？正如当年，附近乡里在戏台前广场开展了祭祀、娱乐、集市等多种活动，改造后的大会堂，亦可作为村民结婚、宴会、农产品交易等文化活动举办的多功能场所。在设计策略上，我们借由保存更新20世纪80年代初的大会堂，以期重建界首村明清以来禹王庙、戏台、驿道与松阴溪的象征关系。除了修复更新原有的木桁架大跨距会堂，我们的设计还打开了会堂前后的建筑立面，通过植入通透的现代材

会堂前的台阶与禹王宫
摄影：冯立

料，建立了界首村纵向聚落的老街与水岸山景的横向连接，将会堂空间转化成为崭新的城市空间剖面。经由会堂建筑背立面开间退缩，空间经验前后反转，在背立面形成新的建筑前廊，同时顺着地形做一个露天的跌级舞台，这样一来，将来站在大会堂室内，禹王宫与松阴溪以及对岸远山之间的视觉联系就能重新建立起来，彰显面对松阴溪的广场与地景的联系。通过强化建筑两侧的砖墙深度，在两侧的砖墙墙体与扶壁柱之间增加展示窗，并凸显空间内外展示窗的双面个性，强化建筑的空间叙事的潜力。新的会堂建筑，不但意图成为村民日常生活与旅游共织的公共空间，更希望成为修补不同历史阶段的建筑痕迹与村民集体记忆的桥梁。

2016年秋，大会堂开始施工，住在大会堂边上的界首村民刘荣庆接下了改造的任务。改造的过程是不断在图纸与现场反馈之间拉锯的过程。改造涉及加固原有结构，重建屋顶木桁架以及新建山墙钢木结构敞廊。这对“村子里的施工队”来说，难度并不算小。刘荣庆一边充分利用村里自建的传统经验（钢结构、大跨木桁架则分包给外来的专业施工单位），一边还要面对我们这群“外来的设计师”对设计的苛刻要求，建造的过程也成

大会堂室内
摄影：江婧

大会堂室内，门外是禹王宫
摄影：冯立

乡里举办的小型摄影展。改造后的大会堂，成了村里公共生活的中心 摄影：陈菁菁

为村民在地建造方式与来自“外部的”建筑学科知识之间的经验交换的过程。大会堂从着手设计到初步竣工历时两年。

五、卓庐记

2017年3月的时候，大会堂的施工已接近尾声。有一天，研究室接到“通知”，去界首村一个正在改造中的、登记在册的历史建筑“卓庐”看看。原来是老宅遇到了新问题。2014年，通过政府拨款，年久失修的卓庐得到修缮。修缮后的卓庐命运多舛。先是村里人合伙想将其改为民宿，却因种种原因而中途停工。后来，几位在城里工作、心怀“乡村梦想”的年轻人，通过众筹，合伙租下卓庐重新改造，计划于2017年春节开业。开业前夕，县里领导来界首调研，发现改造后的卓庐在后院增加了面积做客房，改动了原来前庭后院的空间布局，同时，多处新增的门窗也并未遵循原来历史建筑的位置和比例。卓庐违建的事情上了松阳地方台新闻，几乎成为松阳日益兴起的民宿热中的一个反面教材。我们研究室就在这时接下了卓庐二次改造这个棘手的工作。

幸运的是，在松阳县城老街的“山中杂记”书店，我们找到了一本名叫《赤溪存草》的书。原书1946年出版，作者刘德元正是当年建造卓庐的主人。刘先生是当年村里有名的乡贤，是村里震东小学的首任校长。《赤溪存草》是刘德元生平所作文稿及诗稿的结集，更为珍贵的是，书中有一篇写于1928年自宅“卓庐”落成之际的文字，不仅记述了建宅缘由、宅子空间布局以及建造经过，其本身更是带有建筑文论性质的珍贵文本，反映了民国时期的浙南乡绅对于居所和营造的理念。在《卓庐记》中，刘德元这样写道：

> 自来讲求居处者，多以堂宇深奥、墙壁致密、敷施地板为安吉，且必山节藻梲、刻桷丹楹，以供观玩之。余则不然：拓开堂前天井，放日光也；多开墙间窗牖，通空气也；地下填以磹（音tán，浙江丽水地区地方字，意为石头、大石）石，地面不施地板，取其坚实且免潮湿也。不刻镂，不丹雘，无覆阁，无重檐，诸所设施，概从简朴，窃比于卫公子荆之居室焉。

由此可见，在刘德元眼中，“居处”这件事，并非为了“观玩”，采光、通风、隔潮、经济等是更重要的考虑因素。我们在卓庐现场的感受是，尽管装饰上尽量简朴，布局却有巧思：不同于一般宅子，它的主楼前庭有五开间宽，正房七开

卓庐前庭
摄影：几何民宿·大树

间，两侧带走马廊；登上二层从前庭望去，左边可以望到万寿山，右侧可以望到松阴溪对面的朝岩山。想来当年卓庐主人立屋之时，对于界首这些山水必然有更为深切的感知。

在《卓庐记》的最后一段，刘德元表达了他写下这些文字的意图，读来令人很是感慨：

> 始事于乙丑年（1925）之十月，其间或作或辍，至丁卯（1927）之冬而毕工，为时已历三载。所需木石砖瓦工匠之费以千计，自笑频年蝇头之积蓄，几等于孤注一掷矣。因思人类之生，三十年为一世，阅世之后，耳所不闻，目不及睹视为固有而居之，谁复知缔造之艰难而保守之当尽力乎！余作斯记，盖此意也。若夫环庐之胜概，则左寿山而右赤水，翳茂树而荫修竹，甚可以罄笔墨之形容，第以居家者当职思其居，无取于流连风景之词，故皆略而弗道云。

于是，卓庐改造的过程，似乎也成了顺着卓庐主人当年营建的视角，和当年卓庐主人对话的过程。改造设计首先是做减法，拆除后院加建的部分，拆除室内遮蔽原有木柱的夹板墙，拆除遮蔽木天花的石膏吊顶。清理之后，门厅天井、前庭、主楼的回廊、卧室和后院的空间以及清晰的木构建筑的建构逻辑开始彰显。

在前庭两侧，我们引入两个镜面水池，使前庭成为水庭，可以倒映天空。施工时，为了不破坏原有的庭院地面，我们和负责施工的许超然商量，将防水布直接布置在铺地石材之上，两侧利用L型钢收边，与台明保持一定距离，这样，日后可以轻易地恢复前庭原貌，符合了文物保护可逆性、可识别性的原则。

在后院，设计将原本加建垫高的地面恢复到历史的标高，使卵石墙基显露出来。在地面铺上松阴溪滩上的鹅卵石，并将挖出的土“堆山”营造一个苔庭。在《赤溪存草》中，卓庐主人留有大量的诗作吟诵界首以及松阳风物，我们于是尝试在苔庭的布局中，模山拟水以再现松古平原山川名胜一二。我们找来从松阴溪畔挑来的河石，王老师亲自上阵，带领邻村的雷氏畲族匠人们“堆山”，并栽植卓庐主人在文集中提到的“棠梨文杏”，希望若干年后，能恢复昔时后院郁郁葱葱之感。

6月，卓庐改造接近收尾。在前廊的次间的梁架上，一家子喜鹊筑起了巢。到了夜

卓庐后院景观 摄影：冯立

晚，中堂回廊的灯光打在前庭的水面上，微风吹过，粼粼波光反射到白墙上。白墙之上，圆月从云层中慢慢由左升起，又没入云中。开始有雨点，落入水池，波纹散开。后来，我们在刘德元五子刘福佐的诗中读到这样的句子："花含宿露草含烟，深院无人夜似年。雨霁尚留云在岫，楼高忽见月升天。""一夜空阶滴雨声，此声到耳最分明。晨兴试验池塘水，恰与空阶一样平。"原来，当年刘德元一家也正是在这样的空间里赏月、玩水、听雨、听蝉！这是卓庐最大的奢侈：宅子成为一个容器，纳入了自然，也容纳了人们在屋檐下的世代生活。如同回到人居的初始状态，在建筑中体验人和自然的互动，这一经验，已经很难在城市中寻得。

7月，卓庐开业。卓庐的新主人"若家"在经历了改造波折之后，思之不易，用心经营，并雇了村里人来帮忙做管家。而电影放映、插花、手工制作课等一系列活动的开展，让更多人进入卓庐，了解卓庐的故事，进一步发挥了地方建筑遗产的公共性。

暮色中的卓庐　摄影：冯立

卓庐前天井　摄影：冯立

六、针灸式的乡建改造

毗邻卓庐，界首老街边的居易堂里，住着一位聋哑老人刘为朝。刘老先生70多岁了，不能说话，却擅作画。他的家就如同一座守护村子文化史的记忆宫殿。院子的四周贴满了他记忆中的界首的水墨画。其中，一幅界首全景画占据整个门厅，画面中，村落与水岸的关系、由老街串联的公共空间以及各家合院清晰可辨。借着这张图，以及对村民的口述记忆的整理，我们进一步展开了禹王宫及周边的震东小学旧址的考证与设计工作。我们希望通过一系列针灸式的改造，由点及面，与村民们一起重新阐释昔日精彩的公共叙事空间。在这一过程里，我们所做的建设工作类似催化剂，而最终新的公共叙事空间将在它们的实际使用者——无论是村民、外来的运营方还是游客们的共同努力下渐渐丰满。如王老师所说，“即使无可避免地，这个地方要开发旅游观光，我们也希望它是多元化的文化旅游，结合发展地方产业，让村民和不同的人能够从这里面受惠，也能借此改善村落空间，使其成为一个永续的环境。”

左：刘为朝先生在居易堂为我们说明禹王宫旧时的形制　摄影：冯立

右：禹王宫前求神祈雨图　绘图：刘为朝

另一幅精彩的画里，刘为朝描绘了他小时候在戏台前广场——也就是现在的大会堂看舞龙仪式求神祈雨的热闹景象。每个标注了名字的舞龙者，都是当年刘老先生村里的小伙伴和长辈们。在我即将结束这篇文字的时候，大会堂的施工“总包”刘荣庆在微信群里传来一张村民们在刚验收完成的大会堂内聚餐的照片。照片中，正午的阳光从屋面新增的亮瓦透下来，晕成点点光斑。村民开始使用尘封多年的大会堂了！大家都很高兴。不知道刘为朝老人是否也在照片中，对于修好的大会堂这样一个“新的公共厅堂”他是否满意，但无疑，昔日村子核心的空间正在重新成为村民日常生活的一部分。

而在平田村四合院的设计使用满一年后，云上平田的江总希望王维仁建筑研究室继续把四合院周边的几栋房子也进行改造。王老师很高兴可以进一步改善平田建筑之间的公共空间，我们针灸式“由点到面”的村落设计理论又可以往前再走一步。与此同时，平田村隔壁的塘后村也请我们去设计驿站和村公社：双村叙事正慢慢拓展。

没有建筑师的建筑

乡土聚落渐进复兴中的莪山实践

王铠 张雷

中国社会经济初步完成从传统向现代的转变，并呈现出明显不平衡的差异，其中最根本的差异即存在于城乡之间。自上而下的制度设计安排近期越来越成为政府的工作要点，但来自民间自发的经济转向已然成为趋势。这种趋势或许很难改变乡村在迈向现代社会过程中所处的天然劣势地位，但重要的是，能够借助消费文化的传播力，在观念层面构建起一种城乡相关的想象空间。

一、原生秩序

中国几千年来的传统根基在农业文明。真正属于我们自己的建筑文化传统在于以“没有建筑师的建筑”为主体的乡土聚落、有机整体的城乡关系，以及持续数千年的延续发展模式，一种处于“文化自觉”的地域性。在最近的一轮城市大发展之后，在整体结构性方面，中国的城市已经很难看到传承历史和传统文脉的、确凿的物质环境载体。幸运的是，这个过程还未完全发生于广大的乡村。“中国真正的地域性在乡村，在于城乡关系”的

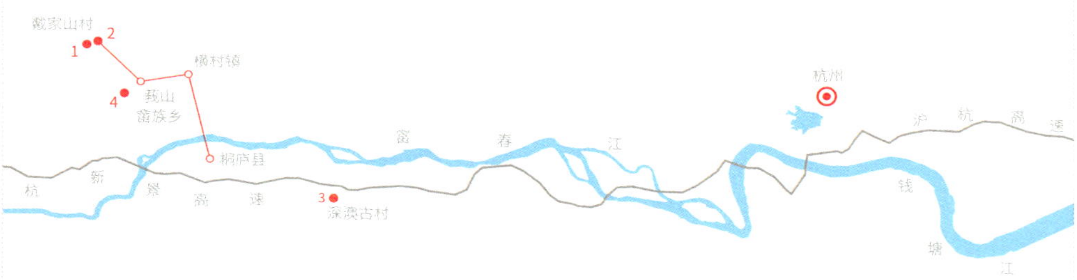

莪山实践项目区位图：1. 先锋云夕图书馆；2. 云夕戴家山乡土艺术酒店；3. 云夕深澳里书局；4. 山阴坞、雷宅

思考促使建筑师开展“莪山实践”[1]的一系列乡村复兴项目。

随着莪山实践的逐步开展，建筑师越发领悟到乡土聚落物质环境及其承载的历史和传统文脉“原生秩序”的生命力与感染力。这一根植于中国乡土现实，根植于时间轴线的生活方式和文脉环境的延续性，有别于西方建筑界面向“城市历史街区”的历史场所概念，或将乡村视为自然保育区的生态技术探讨。作为文化遗产的乡土聚落，目前面临保护和发展的两难：在公共资源介入之前，相对于外来者审美情怀上的保护，原住民出于经济目的的发展更加具有伦理上的合法性。如何解决这二者的冲突，进而融合二者的关联性、互补性，恐怕是任何乡土聚落都必须面临的复兴难题。

二、时间与空间

肯尼斯·弗兰普顿认为，当代“批判的地域主义”反思，其对象不同于传统社会背景下“那种在气候、文化、神话和工艺的综合反应下产生的乡土建筑”，不同于与时代思想和外部世界对峙的“地方传统”和“民族主义”，而是在全球化背景下“反映和服务于那些他们（建筑师）所置身其中的有限机体”。换句话说，就是通过有限和局部的建筑实践，实现在现代“普世文化”中“固有文化”的重新定位，在时间的轴线上建立与现实存在之间种种共时和历时的关联，在不同程度上重新建立新的地域传统。如果弗兰普顿所谓的“批判性”仍然承认现代建筑和普世文化，乃至建筑师的正统意义，那么早在1965年伯纳德·鲁道夫斯基策划的“没有建筑师的建筑”展览以及同名著作中，已向世人展现了“非正统”建筑的广大领域，并批判了“正统”史学家和建筑师的狭隘观念。无名的建造者、人本性、对自然的敬畏乃至依赖，这些被“正统”建筑师和精英文化所忽视的地域要素，在没有建筑师

1 莪山被称为“中国畲族第一乡”，是杭州市唯一的少数民族乡。畲族人自称“山哈”，意思就是“大山的子民”。2013年开始，建筑师张雷与南京大学建筑与城市规划学院可持续乡土建筑研究中心于浙江省桐庐县莪山畲族乡、深澳古村等地开展“莪山实践”一系列乡土建造和经营实践。除了已经落成的“云夕深澳里书局”“先锋云夕图书馆”和“云夕戴家山乡土艺术酒店”，“莪山实践”还包括莪山畲族乡山哈博物馆、雷氏小住宅等项目。

先锋云夕图书馆全景

的建筑世界里呈现出惊人智慧。

对于莪山实践的一系列乡村建设实践，建筑师的思考首先集中于“时间”这个基本概念。任何地区打动人心的建筑环境特征，都是时间沉积的力量。相对于无法抗拒的时间，建筑师所精心构造的“空间”设计，往往由于更加个人化而无法面对生活的考验。回到客观现实需求，向“没有建筑师的建筑”学习，向生活学习，在这个过程中，建筑师试图逐渐放弃个人化的“空间设计”，去延续地域的时间性，延续与生活有关的文脉场所。

（一）延续

先锋云夕图书馆是一个深受“喜爱”的场所：在游客眼中，它是乡村舒适的驿站；在村民眼中，它是老人和孩童聊天、读书的据点；在业主眼中，它是远离尘世的小小“文化先锋”。从一座破败的土坯房，到依然“土气”十足的现代乡村图书馆，这个拥有了新功能的旧场所，重新成了乡土聚落生活的公共生活中心。

左：先锋云夕图书馆改造前的村中主街

右：先锋云夕图书馆改造后北侧街景

图书馆的主体是村庄主街一侧一个闲置的院落，包括两栋黄泥土坯房和一个突出于坡地的平台。建筑设计保持了房屋和院落原有的建筑结构和空间秩序，将破败的建筑修整还原到健康的可用状态，这种新与旧的关系强化了时间性，土坯墙、瓦屋顶、老屋架这些时间和记忆的载体成为空间的主导，连同功能再生的公共性，共同营造出文脉延续的当代乡土美学。

为适应图书馆这一新的功能，建筑师还采用了抬升屋顶的设计。将支撑屋顶的内部梁柱框架整体加高约60厘米，利用这个高度形成了高窗的构造，使光、气流及优美的竹林景观被自然地引入室内阅读空间。屋架抬升的实现主要依赖于当地工匠的传统技艺，他们巧妙地运用榫卯技术加长局部的柱子，从而实现抬升的目的。与此同时，还对青瓦屋顶进行了翻新，在望板之上附设了保温层，这大大提高了老屋的舒适性。在建筑外部，原封未动的土坯墙和青瓦屋顶由于侧面高窗的存在，呈现出封闭而开放、厚重而轻盈的戏剧化效果，而且在修整后的室外景观和照明设施衬托下，成为村落温和的景观焦点。

英国诗人艾略特（T. S. Eliot）在谈到积极的艺术创作和传统的关系时写道：现存遗迹自身形成了一种理想秩序，这种秩序通过新的（真正的新）艺术作品的引入而得到修正。在新作品产生之前，现存的秩序是完整的；为了在新的内容添加之后使秩序能够维持，这种秩序必须略微改变。因此，整体上每件艺术作品之间的关联、比例和价值都需要重新调整，并且这种改变能够使旧的和新的协调一致……过去被现在改变，同样，现在也是过去的导向，进而延续未知的可能，这正是建筑师主张的当代地域性实践的理想图景——不是空间形式的盲目创新，而是时间轴线上生活的延续。

先锋云夕图书馆入口庭院改造前后

（二）边界

在先锋云夕图书馆老建筑更新项目中，建筑设计的空间创造被严格限制，并努力成为一种不易察觉的时间休止符。从庭院连廊到室内设施，新的要素本身被单纯的形式弱化。同样重要的是，这些不易察觉的形式要素，同时也是工业化的、产品化的附加部分，对于图书馆的今日用途又是至关重要的。“新”为“旧”建筑所重新建立的空间边界，将过去的时间重新引向现实。从建造过程开始，到融入乡村生活的文化经营，“新”与“旧”共同构建了一座生活场景的舞台，而非抽象纯化的空间限定。

连接主屋和偏屋的透空木格栅连廊，除了强化改造后图书馆和咖啡厅的功能联系，还重新界定了室外空间细腻的体验序列。街道、台阶到连廊之间，是紧凑而友善的前院；穿过曲折的连廊，或者从建筑内部来到室外，则是由建筑、连廊和弧形轮廓的平台共同限定的室外阅读、观景场所。在建筑内部，空间的公共性来自有机组织的楼梯井、局部平台空间和透空书架隔断的空间划分，而经过翻修的屋顶木结构借助灯光的强化处理，形成了明亮而有力的空间氛围。

三、适度技术

桐庐云夕戴家山乡土艺术酒店是以一栋普通畲族土屋为主体改造的民宿，同时也是具有现代化酒店设施和服务的乡土艺术精品酒店。酒店主体原本是游离于村庄之外的一座农舍，由背靠缓坡朝向山谷的一栋南北向黄泥土坯房屋和一个突出于坡地平台的石砌平顶小屋构成。改造设计最大限度地保留并加强了原有房屋的结构实体部分，以维持畲族土屋的传统风貌，并通过紧凑而适度的加建和精品酒店功能的植入，呈现了“当代乡土”在时间上的密切关联。

云夕戴家山乡土艺术酒店改造任务的复杂性和对传统的延续与发展的矛盾性，构成了项目的独特品质和感染力。协调这二者的最终解决方案简单而直接。在工程技术方面坚持适用原则，并以顺其自然的态度来解决问题，是建筑师尊重现实、尊重乡土的地域观念的体现。

（一）建造

结构强化主要针对原先的土坯老屋。从畲族土坯房屋的空间和建造类型上可以看出

云夕戴家山乡土艺术酒店主楼北面

云夕戴家山乡土艺术酒店餐厅鸟瞰

汉族文化对传统民居的影响。碎石夯土墙厚达40厘米，是主要的维护结构稳定的要素，且较少开洞，具有较强的封闭性和防御性，而内部是由梁柱木框架体系形成的灵活空间，屋顶和楼板搭建出这一空间的框架。改造设计清除了土屋内部的两道夯土隔墙，并将屋顶抬高一层。内部空间如果重新划分，在很大程度上会减弱结构的整体性，最终在夯土和木框架之间，通过加建砖混结构墙体、楼板而形成了三层连续结构。具体做法中包含了两种老屋改造技术：传统木楼板建筑现浇钢筋混凝土复合楼板和传统夯土墙建筑砌块内衬墙复合墙体。

传统木楼板建筑现浇钢筋混凝土复合楼板，是通过现浇钢筋混凝土楼板的设计施工技术，利用原有木楼板作为浇筑施工的底模板，在施工完成后保留原有木楼板所形成的、原有木楼板和现浇钢筋混凝土楼板的复合楼板。传统夯土墙建筑砌块内衬墙复合墙体，是采用砖、混凝土砌块等砌块材料，紧贴原有夯土墙内部砌筑承重墙体形成的复合墙体，能有效保护原有夯土墙，并提高建筑整体的结构可靠性和热工性能。

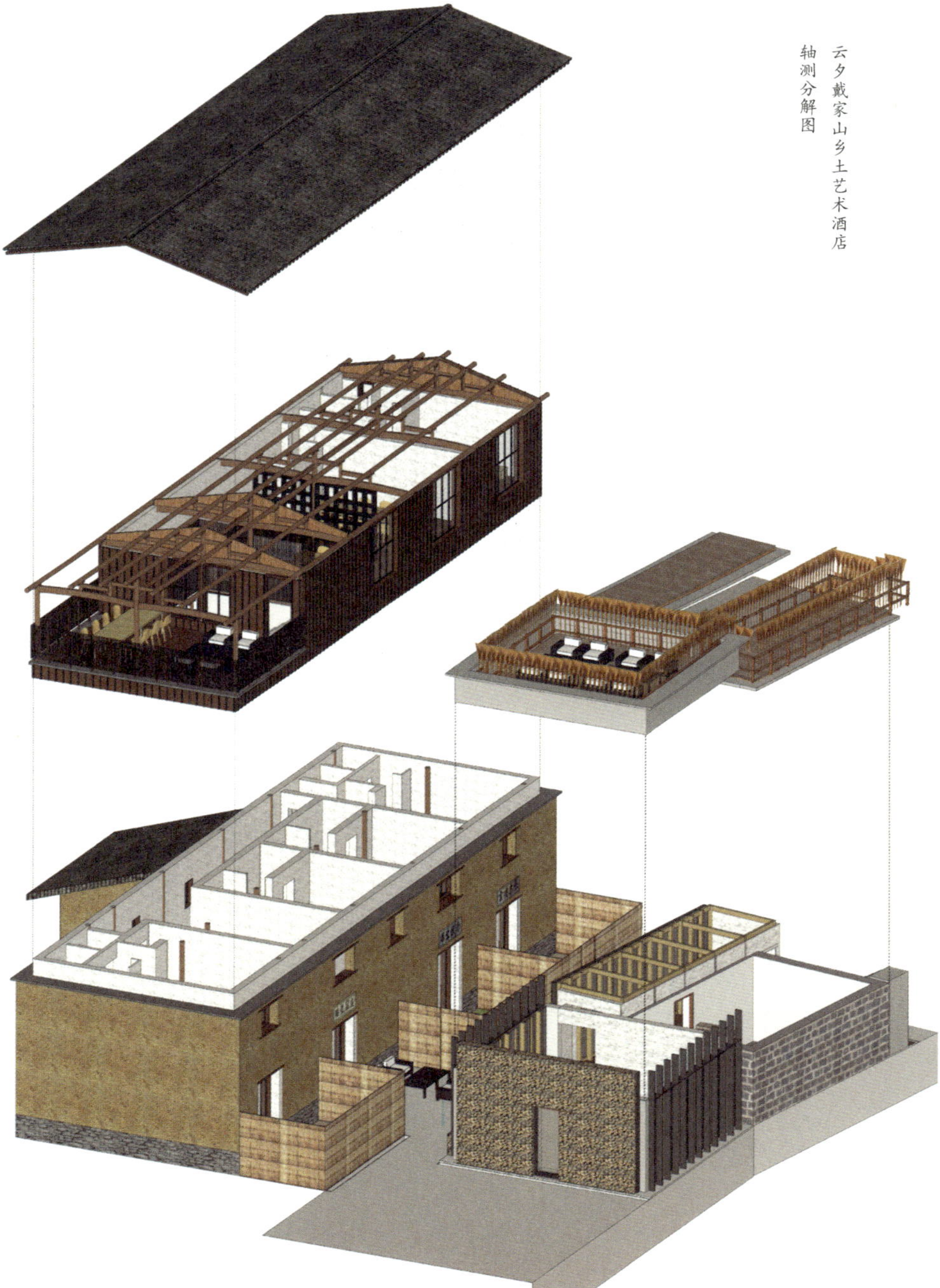

云夕戴家山乡土艺术酒店
轴测分解图

左：木楼板现浇钢筋混凝土复合楼板
右：传统夯土墙砌块内衬墙复合墙体

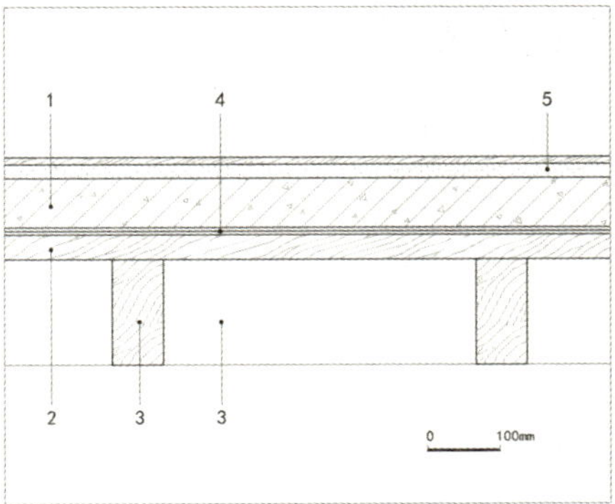

1. 现浇钢筋混凝土楼板
2. 原始木楼板
3. 原始木楼板木梁
4. 防水层
5. 现浇钢筋混凝土楼板面层

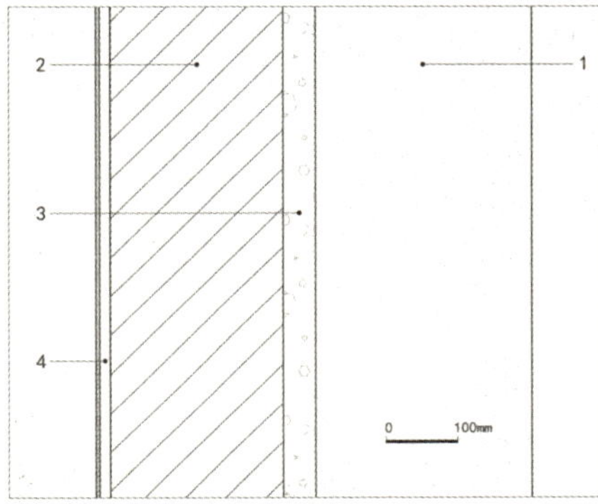

1. 现浇钢筋混凝土楼板
2. 原始木楼板
3. 原始木楼板木梁
4. 防水层

原有夯土、木框架和新建砖混墙体、楼板构成的“三重结构”体系，不仅体现了地方传统建筑的内在类型特征，获得了新建砖混结构的可靠性和舒适性，保留了原有木楼板、木框架和夯土墙空间的美学效果和历史文化价值，同时还以原有木楼板作为现浇钢筋混凝土楼板施工的模板，节约了支设底模板的造价。

在老屋改造中，新与旧的构造连接同时反映了两种意图：功能性和表现性。例如保留的夯土墙在加建了内衬砖墙之后，原先承重的特性转化为围护功能和乡土意向；在内衬砖墙首层圈梁的位置通过预埋件拉结，同时在二层圈梁位置以挑檐封压，通过拉力和压力的共同作用，解决了自身的稳定性（土坯墙上部的挑檐压顶出挑约40厘米，保护其免受雨水侵蚀，替代原先屋顶出檐的作用）；一层折线形楼梯绕开保留的木柱，通过兼顾“保留”与通行便利，获得了独特的表现力。

（二）环境舒适

老屋改造对环境的舒适度要求很高，难点主要集中在屋顶的保温隔热和室内地坪的防潮方面。解决方案为：木屋架抬高后，在望板之上敷设了5厘米的夹心保温板；在内衬砖墙地梁施工时，重做的素混凝土地坪及其防潮层与内衬墙一起形成连续壳体，可以隔绝潮气。

上：云夕戴家山乡土艺术酒店主楼南面局部
下：云夕戴家山乡土艺术酒店柴火墙入口

四、物质循环

云夕戴家山乡土艺术酒店柴房餐厅的柴垛立面，表现的是当代城市文明和传统乡土文化之间的物质循环过程。在2015年的“4·23世界读书日”，由《生活》杂志与亚马逊Kindle联合主办的“阅读未来·千书世界”空间创意展在全国6所城市同期揭幕，由建筑师张雷设计的作品“柴门听蝉”在南京先锋书店展出。搭建柴房的150担柴火来自浙江桐庐莪山畲族乡戴家山，柴房内的旧条凳与油灯也同样来自莪山农家。展览结束后，这些柴火全部运回戴家山，用于建造云夕深澳里书局和云夕戴家山乡土艺术酒店，于是就有了酒店柴房餐厅的柴垛立面。

柴火立面、竹篱笆围墙和扫把栏杆这些构造要素，都是经典建筑纪念性、永恒性的

2015年，南京先锋书店「柴门听蝉」

反面，却延续了反映乡土聚落独特活力的物质循环方式：柴火墙面是酒店壁炉取暖的燃料储备，需不断补充；竹篱笆、扫把栏杆这些易于老化而廉价的地方材料，也需要不定期更换。类似的物质循环将不断激活建筑和原住村民生活的关联性，并最终融入乡土文脉。

目前还在建造阶段的雷氏小住宅项目，外立面采用干砌片石的做法，同样反映了现代与传统、城市与乡村的产业互动关系。青色片石取材于附近一处石材加工厂的边角废料，成本仅仅是运输的费用。而干砌的做法，既是对地方原生干砌石墙、堤坝做法的延续，也是对当代新建房屋面砖饰面的反省。青色片石在雷氏小住宅的成功运用，导致石材加工厂的“废料”价格开始上涨，或许这个之前为城市建设提供产品的企业，能够因此发现更多的本地需求。

五、公共性

壮丽的地标、如画的新城景观是时代的纪念碑，然而我们应该为此付出怎样的代价？城市化、数量与速度、工业化、产品化，这些技术策略本身没错，然而我们的目标何在？价值何在？这是一个现代建筑还未明确回答的宏大命题，需要我们这一代人继续思考。

在我们这个时代，存在公共领域极大化而个体的参与和体验却极其微小的矛盾状态，即公共空间与其归属感的分裂。我们可以用林奇的理论去规划建设一座新城，让它看起来很有“归属感”，却很难让住在一栋住宅里的居民拥有一个天天相遇、相识的场所。我们的城市拥有宏伟的广场，但庆典之后，我们还是要回到自己封闭的居所，不知道左邻右里为谁。在城市背景下，对“社区”“邻里”这些公共性场所的营造，对于建筑师所关心的物质空间来说是勉为其难的，因为社会组织秩序已然处于两级化的脱节状态，建筑师无法安排谁在公共空间的舞台表演、谁来观看。相反，在乡村环境下，莪山实践让我们对“公共性”的探究有许多意外收获。

（一）真实的生活

在古典英雄主义的纪念碑和现代消费主义的理性幻象之后，我们选择面向复杂而真实生活的公共性，放下既有的专业立场，向生活学习，向没有建筑师的建筑学习。

云夕深澳里书局是莪山实践的首个建成作品，其所在地杭州市桐庐县江南镇深澳古村始于申屠家族的血缘脉络，有着1 900余年的悠久历史。古村毗邻桐庐县城，距杭州仅半小时车程，村中独一无二的地下引泉及排水暗渠（俗称“澳”，“深澳”因以为名）和40多幢明、清楼堂古建筑目前仍保存完好。项目以村中清末古宅景松堂为主体，结合周边民居的改造更新，在彰显建筑外表面历史肌理感的基础上，保留了传统建筑的基本格局和精美木构雕饰，并使内部空间兼具舒适性和当代性。

深澳里书局户主合影

深澳里书局主入口

由于乡土聚落天然的血缘、地缘关系纽带，书局与全体村民在情感和社会组织上存在关联。对村民而言，这不是一个可供消费的产品，而是一处可以天天到访的友善之地。不经意间，村中的老人和儿童已经接受了“阅读”这一生活方式。从设计和建造角度看，地方工匠的智慧以及他们的建造习惯得到了充分的尊重，建筑师向他们学习地方建造技艺，而地方工匠则在建筑师协助下完成了一次不同道具的表演。书局的经营主要依赖当地年轻的村民，餐饮、文创产品正在逐步吸收地方农艺、民俗的要素，融入地方经济的有机体。

（二）记忆／体验

云夕深澳里书局包含了对村民开放的社区图书馆、人文与民俗展示空间、地域文创产品商店等复合业态，是具备旅游度假、商务休闲和村民交流等多种复合功能的公共场所。

老屋改造后的室内设施，新的要素本身被单纯的形式弱化。这些工业化的、产品化的附加部分，对于现今的用途至关重要，同时又形成了老房子和老物件透明的前景或消隐的背景。在这个时间和空间的双重边界内，有意搜集的老屋原有织机、桌椅、坛罐、竹编再次激发出游客的好奇心和村民的自豪感。公共空间的首要特性——归属感，被记忆唤起，被体验强化。

从表面看，活力来自"新与旧"微妙关系的重构，来自建筑师和投资者对于传统聚落旅游文化产业进化的巧妙经营。更进一步，云夕深澳里书局并非一个孤立的商业消费产品，它与一小时车程之外的戴家山乡土艺术酒店和先锋云夕图书馆，共同构成一个桐庐地区立体的乡土生活体验网络。在不同主体记忆和体验的转换中，从建筑师最初来到基地老宅前拍摄的废弃猪栏，到最终完成的刷白卵石墙标志性的入口立面，乡土场景获得"陌生化"之当代审美特征，并重新强调了在公共空间聚集人群的必要性。

左：透过对面老屋大门看到的书局入口

右：深澳里书局改造后的景松堂中庭

深澳里书局内景

（三）事件／媒介

一系列项目的设计建造可看作是建筑师和地方工匠的合作。在这个动态的过程中，产出的不仅是一个具体的工程项目，同时也产生了一个受到全体村民关注的公共事件：原来房子可以这样用、这样造；书局、度假酒店这些新的产业要素的注入，为本地年轻人提供了新的就业方式，形成了一种新的人际关系维系方式；而项目超越了公共建筑物本身，更以一种媒介的身份，激发乡土聚落生活新的叙事方式，构筑持续增强的社会空间。

乡村接受了城市的工业文明，城市接受了乡村的价值文化，这是一种新的城乡公共空间的意愿。老房子成为一种媒介，而不仅仅是空间生产与消费的对象，建筑师有意强化物质性过程，倾向于将“占有和消耗”的对象扩展为群体虚拟关系的构建，一种有意义的符号系统操控活动。

六、渐进复兴

中国乡村地域辽阔，历史及现状多样。本项目所在的浙江省桐庐县作为经济发达地区的乡土聚落的代表，其在城市化和经济发展的双重压力下，如何做到保护与发展双重目标的实现，具有典型的代表意义。政府的公共支持主要在遗产保护层面，但仅靠被划入“中国历史文化名镇名村”“中国传统村落”等名录范围，获得一般意义上的学术标准（申报评定标准），以及有限的扶持资金，远不足以应对实践所面临的特殊性。[1]

就莪山实践而言，建筑师来到乡下，带来了热衷乡土文化的艺术家、经营者和媒体工作者。这个群体首先以其专业的知识，改变了政府和民众对乡土物质环境、人文环境的认知。简单来说，就是立足“乡土”自身的独特性而非“城市”的标准，重新看待脚下的土地和身边的生活。在这个逐步发酵的过程中，政府、资本、知识分子、村民达成乡土价值的共识，即把对乡土文脉的保护放在第一位。更进一步，乡土文脉的延续基础是物理环境的更新，建筑师的工作让大家看到实实在在的变化，

1 云夕深澳里书局项目所在地——浙江省桐庐县江南镇深澳村2007年被列入第三批历史文化名村。然而时至今日，仍有大量的明清古宅没有得到合理利用、积极保护。戴家山村由于建村不足百年，聚落建成环境的“久远度”“稀缺度”等文物保护价值欠缺，未能申报中国传统村落。

戴家山村全景，摄于2016年11月

政府有了工作着力点，资金有了业态导入的方向，村民有了新的就业渠道和对未来生活的憧憬。一种并不复杂的、小范围可操作的实践模式的建立，自然会带动更加广泛的乡村建设实践。

集中了建筑师若干改造设计项目的戴家山村，渐进复兴的作用正在积极显现。从2014年政府主导的垃圾分类、村庄环境整治工作开始，乡村风貌逐步得到改观。随后建筑师参与设计的“秘境山乡生活”（2013年设计）、先锋云夕图书馆和云夕乡土艺术酒店（2015年建成）的建造和运营，为村庄带来稳定的旅游客源和产业更新的契机。戴家山同时也成为桐庐民宿业发展的一个样板，受到广泛的社会关注，更加激发了村民的自豪感。进入2016年，村民自发的复兴愿望转化为积极的行动。现在的戴家山村，家家户户的小院、台阶、篱笆都经过户主不同程度的修整，虽然质朴简单，但透出些许的自信。之前的“空心村”老屋翻新工程一个接着一

村庄环境整治后的村口主街全景。2016年11月

村民自发更新建造的入户台阶

个，尤其是那些土坯老屋，或立面经过精心修补或落架经过大修。经济与市场的考量，同诠释乡土聚落的“综合价值”之间取得了平衡。然而，这种建筑师有意引导的平衡，在很大程度上依赖于村民的自发愿望与行为，它是否能够避免陷入繁荣的短期泡沫，旅游民宿业是否能够成为这个村落持续发展的长期驱动力，这都是需要我们继续探索的命题。

（本文图片由姚力、胡军及张雷联合建筑事务所提供，图纸资料来自张雷联合建筑事务所）

乡村的远去与归来

王惠民

一、我的乡村启蒙

20世纪80年代的台湾，是一个全力拼经济的时代，城市化建设如火如荼。由于取得乡村土地的成本很低，加上巨额的开发利益和政策上的大力支持，社会资本纷纷涌入乡村开发项目。除了城市周边大规模的居住区被开发，偏远的乡村地区也借着工业园区、风景旅游度假区、住宅新镇等名义，快速地改变着乡村土地的面貌。到了1990年初，台湾人均GDP已跨过10 000美元的“发达地区门槛”，之后一路攀升，使台湾成为“亚洲四小龙”之一。虽然城市化和工业化满足了经济发展的需要，但它所付出的生态、社会、文化代价，却需要很长的时间加以弥补。

其中有关生态污染与修复，因有科学性的可监测数据，对于开发者所应承担的环境责任比较容易有明确的界定。但城市化和工业化所造成的乡村社会解体和生活观念变质，却一直很难被清楚衡量出来。在市场经济体制的环境意识中，生态环境被认为是有“价值”或“价格”的，而社会与文化却是“无价格的”或是“无价值的”。虽然有些开发者愿意以个人名义投入社会文化事业，来表达他对社会和文化价值的重视，却不会用在他的企业经营和开发方式上——终究是企业归企业，个人归个人。

城市化进程中的环境意识，也同样影响着相关的规划设计行业。为了迎合城市化取向，当代设计工作开始全面追求“创新”，即从概念、造型、技术等各方面，全面地除旧布新。我在大学读建筑专业的过程，即全面地笼罩在这种追求创新性的课程训练之下，并且以欧美及日本的现代及后现代主义作品为指导方向。当时的教学鼓励学生全面追求西方城市化的环境表现，生活中习见的事物皆被视为粗俗陈旧。直到1982年，我进入台湾大学土木研究所都市计划研究室担任研究助理，分配在王鸿楷先生主持的台东县兰屿乡雅美（达悟）族部落生活环境改造和全岛整体发展的规划设计项目工作组，才有机会脱离那种处境，学习到一种尊重与延续乡野传统的设计理念与环境美学，并深深体认到设计师不仅是一名造型师，还需要具备人类学、社会学、生态学知识，以及对行政资源分配的认知能力。

然而，在那个年代的台湾社会中，这种设计取向被视为象牙塔中的理想主义，设计界的主流仍然是拥抱城市化。毕业之后，想要从社会文化层面去做设计，机会并不多。至1990年我再回台湾大学建筑与城乡研究所，进入由刘可强先生主持的规划室，才得以在宜兰的土地上，以一种非城市化与工业化的方式进行各类设计工作，找回心目中所认可的设计取向和着力点。

二、我的宜兰经验

20世纪90年代的台湾虽仍持续着城市化进程，但可喜的是，已有较多声音和行动开始关心环境发展取向、土地发展模式、社会运行机制等方面的课题，其中关于城乡的合理发展关系，最早加以响应的为宜兰县政府。他们尝试与高校合作探讨这些命题：基层县市的环境发展取向应是什么？哪些发展内容适合自己？如何创建新模式并真实落地？

宜兰县位于台湾岛东北角，是一个面向太平洋的偏远农业县，1875年（光绪元年）正式设为宜兰县，但直到20世纪90年代，由于交通的不便，它仍然被视为偏远农业县，也正因如此，县内的空间纹理大体上仍保持着传统的乡村风貌。除了两个人口10万上下的中心市镇宜兰市和罗东镇外，其他20多万人口分布在另外10个小型乡镇之中。三角型的兰阳平原上，农田和果园包围着这些市镇村落，犹如一幅典型的乡村人文地理学立体挂图，尤其在春夏的耕种与收获期间，这幅活的挂图总会让人看得入神，而忘记城市化的喧嚣和生硬。数百年所生成的这块乡村土地，加上栖息于其中的纯朴居民，成为建立城乡发展新模式的基础。

从1990年开始，我的设计工作始终与宜兰这块土地和人群连在一起。前后17年，宜兰犹如我的家乡，我在每个项目中付出全力寻找最“符合”宜兰的图像。回想起来，在宜兰的那段日子，我学会了对乡村土地和人群生活做细致的观察，与当地居民深入对话，与当地各级政府组织沟通，与在地社会团体合作，可以说这段时期是我真正开始学习设计和不断充实的过程。

由于篇幅所限，我只能从这17年的大量工作经验中选出少数重要个案，并分为四

靠山的兰阳平原景象

个类型，对其中重要的工作内容做简要说明。这四个类型包括：（A类）一个特定功能的园区空间设计；（B类）两个全县性的发展规划：偏重于保护性的历史空间调查与保存活用规划，偏重于发展的全县旅游系统规划；（C类）一个以参与式设计推动的社区营造项目；（D类）我们于1994年成立的全时性驻地工作模式——宜兰工作室。

A类：一个具有乡村特色的现代化丧葬园区

20世纪90年代前，整个宜兰县没有正式的殡仪馆，只有一处位于罗东镇的简易火葬场和殡仪馆，乡民大多按照闽南习俗在家举办入殓仪式，并将死者安葬在每个乡的“公墓”里，因此墓地比较分散。不仅宜兰，全台湾各县市在当时都有类似现象，民政主管部门于是提出一个把殡仪馆、火葬场、纳骨塔、墓园四合一的“殡葬一元化”的新政策，而宜兰获选为这个新政策的试点地区。然而宜兰民风保守，不按古礼在家为老人送终被视为不孝。这个新式的公共殡葬设施是否能被乡民接受，如何运营这个空间，均是我们需要考虑和突破的重要课题。

为此，我们一边走访全台湾各县市已建的殡仪馆和墓园，考察它们受人诟病的原因，一边努力从传统丧礼文献中梳理出一些可以被现代观念理解的成分，尝试把传统习俗和现代化殡葬重新衔接起来。最终我们发现，乡村民众排斥现代丧葬空间的主因，在于传统丧礼的“哀思”、“吊问”与

“告别”等礼仪在空间设计上被过度简化，并且因为“多家合办”的集中化，使得每家丧礼过程彼此干扰的现象十分严重，无法形成肃穆的氛围。因此，我们在整体布局上细致处理空间分区、动线区隔、空间尺度等要素，让传统仪式不仅有进行的空间，且在空间布局上避免了各家之间的干扰与冲突。

另外，在“土葬与火葬”问题上，我们体认到，中国人对于“回归大地”的重视，来源于中国文化对现世的肯定和延续的愿望。因此，我们并未全面否定土葬的必要，而采用“轮葬式”的管理，使土葬不再长久占有土地；同时在墓位设计上，利用自然山势地形，提供多种自然方位，并对坟墓的尺度、位置、材质等要素设定管理标准，改变了原有乡镇公墓的“乱葬”现象，也避免了现代墓地常见的“整齐划一”。

在建筑和景观的设计上，我们放弃常用的宫殿式礼堂造型，采用乡村式的院落建

1. 园区中的建筑和道路景象
2. 以乡村院落为参照原型的出殡礼堂
3. 让家祭、吊问、守灵等仪式可以安心进行的院落式停殡空间

依山而建的纳骨廊原始构想（笔者手绘）

完成后的纳骨廊建筑

与山坡原地形融合的土葬墓区原始构想（笔者手绘）

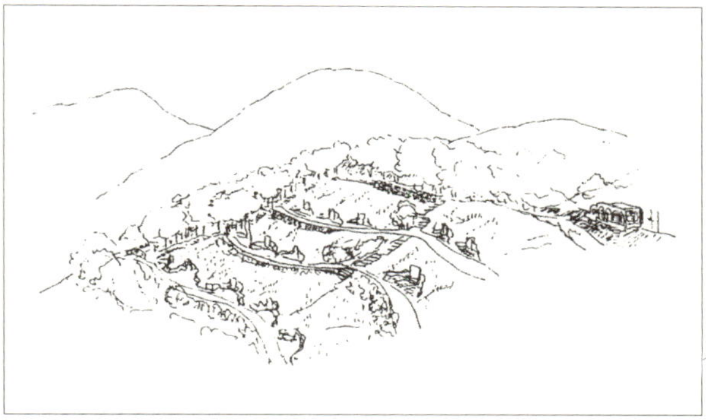

完成后的土葬墓区景观

筑形态，让丧家有“在家”的感觉；并运用基地地形和天然水源，设计出宽广的景观湖面，让整个园区因水景而显得优美柔和，而不再是常见的生硬和阴沉感。

完工后的这座现代墓园，改变了当地居民对现代式丧葬空间的态度，启用后仅三年就达到原先预定的十年使用量，很快进入二期和三期的增建。常听人说，在这个丧葬空间不会感到恐惧或压抑，反而有一种平静安宁感。而园区中的景观湖，每年冬季会吸引很多过境的雁鸭在此栖息，为这个墓园增添了许多生气。

B类：建立保护与发展兼具的开发模式

● 宜兰县历史空间调查与保护利用研究

宜兰因位置偏远，按照当时的“古迹”标准，得以列入保护名单的寥寥可数。然而从乡村自身观点出发，乡民的“历史记忆”才是最重要的因素，而非“古迹”所强调的年代久远或造型精美。因此在这个历史空间保护规划项目中，我们以“历史空间保存活用”的新概念，选定标准不依据年代或造型，而放宽为50年之内的建筑和各种地景，如桥梁、水道、田埂、巷弄、广场等。根据这个新标准，列入保护的地点超过了百个，且涵盖了全县所有的乡镇范围。

除了调查、记录、造册之外，此项目还规划了相关的保存活用机制：成立地方性保存活用委员会，建立审查与确认行政程序，结合其他建设机制进行活用规划设计。规划成果中还包括了一份“全县历史敏感区分布图”，要求其他建设发展部门加以避让。

在新机制下，地方政府部门之间的横向联系得以加强，特别是一些以开发建设为主的部门，也开始建立对历史保护的认知。另由于保护点分布于全县各乡镇，使得受保护的历史空间与居民日常生活关系密切，而这些分散于乡村间的历史保护点，又为数年之后的人文地景旅游、生态博物馆等规划，提供了重要的发展基础。

● 宜兰县观光旅游发展规划

宜兰县与台北市直线距离虽不过50千米，却因山脉阻隔，交通不便，长期与花莲、台东两县一起被视为东海岸偏远地区。20世纪80年代后期，由于台北与宜兰之间开辟高速公路的计划被确认下来，一些大型工业企业试图将生产线移向地价更低的乡村土地，这令当地政府和一些地方人士开始担忧，于是地方政府决定在高速公路开通前提早谋求新的出路，最后决定以观光旅游为主要经济支撑，并吸引大学和优质住宅进入，从而绕过“台北外围工业地带”这条发展道路。

最初，我们先评估了当时台湾旅游产业的发展状况，发现当时流行的大型游乐园、度假中心、星级酒店的发展模式，并不适合宜兰旅游发展的目标。在考察欧洲和日本的旅游发展后，发现最适合宜兰的旅游形态是以农村产业、小城镇服务业、河流水岸、海岸、山林等人文自然景观为主题的“乡村人文地景式旅游”。于是，我们决定以兰阳平原上最重要的7条河川作为发展这种人文地景式旅游的骨架，规划出7个“游憩发展区带”，用以串联起全县的各种人文地景单元，并与未来将要开通的北宜高速公路形成一种整体的交通关系。

这种旅游发展模式的关键思路，在于“先保护，然后发展”，要在保护全县地景纹理的前提下，制定整个旅游系统的分布和规模，而各乡各村的小地理单元则根据其原有的历史风貌和生活内涵，确立它们在整体发展架构中的适当角色。对于大型开发项目的进入，则需经审查并受管控，避免外来投资损害当地居民的发展权益。

与之前历史空间保存活用的情况类似，这种“人文地景式旅游”需要其他建设部门的配合，否则无法打造。举个较为明显的例子，水利单位多半习惯于以防洪固堤为建设考量，因此，兴建“标准断面”防洪堤是水利建设的“标准模式”；但对于“人文地景式”旅游而言，乡村河岸多半是人文地景的重要组成，更与乡民生活息息相关，固然需要整理或加固防洪堤，但不应只是“标准模式”，而需要提出新的堤防设计形态。又例如，习惯以直线为“标准路型”的道路建设，此时需要重新调整，来配合乡村人文地景。

C类：二结庄社区总体营造

1994年，一个名为“社区总体营造”的新规划设计模式，从日本引进中国台湾。它不同于以往由政府部门意见为主导的方式，而是由政府委托的设计团队来带动基层村民，共同讨论该村未来发展建设的内容和设计形式。这样的设计方式被称为“参与式设计”，需要将原本由专业主导的设计发展过程转化为一系列和村民的“对话”过程。为了验证这一模式是否可行，当时全台湾选了四个较具活力的社区作为

促成宜兰县二结村社区总体营造进程的王公庙旧庙原貌

试点，宜兰县五结乡的二结村名列其中。

二结村的社区营造工作，起源于村内一座有80年历史的旧庙重建。该庙管理委员会请来颇具盛名的日本设计公司，设计方给出的重建方案是将旧庙拆除，重建一座更大更精致的新庙。然而，村中仍有很多对旧庙具有深厚感情、不希望旧庙被拆的人，却苦于无法与设计方对话，因此邀请我们协助，设法让旧庙保存下来。

我原以为事情不会太难解决，只要和该设计公司协调修改设计方案即可，然而实际操作却困难得多。多次协商后，对方仍然坚持原方案，当时有一位日籍设计师在讨论中反复强调新庙方案的美好，甚至夸言是借用了欧洲大教堂的礼拜空间模式，比二结村的旧庙祭祀习俗更“高层次”。他的高傲态度让我领悟到乡村人文价值无法延续不仅仅是经济因素，许多设计师的社会文化认知亦是重要因素。

新庙设计方的强势，使我们重新思考保住旧庙的可能性。最终因为来自台湾南部的厂商有把握把一栋没有地基的80年纯砖木建筑进行“平移”，而找到了一个“新旧共存”的方案，并得到双方的共识。于是我们的设计重点放在了新旧庙的空间整合，以及旧庙再利用的课题上。经过数十场座谈和工作会议，村民同意由一个新兴的社区志愿组织“大二结文教基金会”负责经营管理保存下来的旧庙，并发动与培训村内义工，打造一个既有文化内涵又有生活感的新型村庄公共活动空间。这个新空间被命名为“二结庄生活文化馆”，为村民提供手工艺制作、各类创作展示、计算机使用推广、地方戏曲排练演出、电影欣赏、节庆活动等多样而丰富的活动。

左：由日方设计公司提出的新庙设计方案

右：在王公庙前大树下举行的『移庙』方案专家论证会

此一设计方案不仅解决了新庙与旧庙的冲突，并为村民增加了一个新型的公共生活场所，以及社区志愿者的运作模式，后又以“千人移庙”的活动形式，表达了“社区营造”的精神，因而登上了当年台湾社区营造成果宣传的新闻头条。二结庄生活文化馆落成后，这个差一点就因建设新庙而消失的旧庙，重新找回它的“社区生命力”，并为二结村日后推动水圳步道、老街改造及其他历史空间保存利用等后续工作，提供了一个酝酿、讨论、行动的公共平台。跨越台湾20多年的社区营造过程，宜兰二结村民和这个社区志愿组织“大二结文教基金会”，仍然维系着社区营造的活力，并在2017年获得全台湾地区级别的“文化资产保存奖”，且这个由旧庙打造成的生活文化馆，仍然是二结村当地社造团队的行动中心和精神象征。

D类：开启驻地的设计工作

在20世纪90年代，设计人才多半走向城市，纵使是号称有意投入环境改革的组织，也都以城市为发展空间，少有人愿意由城市移居乡村地区从事社会最底层的工作。然而在上述三类案例的工作经验中，我意识到从台北去宜兰“出差”的工作方式，不能很好地深入当地社会，易使许多村民生活细节被忽略。因此在1994年，我们成立了驻地式的“宜兰工作室”。此后不论是基地踏勘、访谈，还是方案讨论、执行、协调，都变得更为完整，同时也为当地社会提供了一个交流空间，并开展了许多并非设计项目内的社会合作交流。

『千人移庙』的场景。由于当天下雨，参加活动的群众穿着雨衣

王公庙完成迁移并整体修复后，经常有团体前来参观和分享经验

这个工作室一开始有6个成员，曾经扩大到将近20人的规模，一般在10人上下。虽然成员的任职时间有长有短，但仍有相当多位设计师坚守在这里的时间超过了10年，也有来自高校的研究生和外国实习生在这里短暂工作，得到与城市完全不同的工作和生活体验。

我相信任何曾经参与宜兰工作室的一员，在这种乡村驻地方式中，更能明白个人、家庭、村子、乡镇、城市，这一层层的生活空间如何构成完整社会，以及如何在时间中互动与演变，并感受到当代城市化潮流虽然创造出五光十色的新颖空间形态，但城市发展并不能取代乡村，乡村中那种对着天、守着地、连着人的生活感，在城市是无法体认的。

三、我的原乡之行

● 从上海张江发现城隍庙开始

2006年秋天，获台大城乡所教授夏铸九先生推荐，我前往上海浦东张江新区参加一次城市设计艺术展。这是我第一次踏上祖国大陆的土地。主办方让我们在张江新区范围内自行选择设计地点且自定展出主题和手法。当时我看上一条临水老街，对于生在台湾的我而言，这种沿着水网而建的水乡空间，具有一种前所未见的特殊魅力。经过沿路的访查，得知这是张江老镇当年的中心生活街道，曾拥有数百年的繁华，但即将因张江新区建设而被拆迁。

基于宜兰工作经验，我自然兴起一种对张江老镇的历史缅怀，因此我向主办方提出举办一个中秋节晚会的构想。当时的想法是：一要为当地居民创造一个拆迁之前的团聚机会，二要借由晚会让居民有机会共同商讨出具有历史保存价值的地点，争取使之成为张江新区中的历史保存空间。然而这个提案被主办方否决，原因是当地政府不同意举办公众集会，建议我按照自己的想法设计一处展示点即可。于是我只得走进老街沿

左：张江镇老人在围墙前解说当年情景
右：壁画完成后与老人们在现场合影

线的小巷弄，尝试寻找一个设计基地。在拥挤曲折的巷弄间，一堵把入口封死的高墙引起了我的注意。经询问，左右住户均不知这道墙的由来，一位老太太说这里原是一座庙宇，但她也无法解释为何大门被封。不久，在一位中年人搀扶下走来一位老先生，他说这堵墙背后原是张江古镇的城隍庙，在“文革”中被查封，后曾改为印刷厂和服装厂，但改革开放后因失去竞争力而倒闭，不过在宗教活动解禁之后，镇上许多老人仍旧把这块地当作城隍庙，初一和十五均在庙侧后门烧香。

老人们不忘初一、十五上香的情景，让人深深感动，并让我明白在老辈中国人的心里，建筑可以封堵或拆除，敬天敬神的心愿不会停止。因此，我决定以一张简单的壁画作为参展作品：在那堵封闭庙门的墙上，以彩绘方式复原一座传统江南乡村庙宇的大门，且让大门半开，透出迎接人们入内的亮光，象征着这堵墙的封闭已经解除，传统的人心得以恢复，借此表达我对张江镇老人的敬意，以及对于人文传统复兴的信心。我的作品是由当年上海大学雕塑系本科生任倢同学负责绘制，据她转告，制作过程受到当地很多老人的关注，绘制完成后，很多老人聚在这道新开的门前，并通过合影发给在台湾的我表达感谢之情。这个展出结果，让我惊喜万分！

● 龙泉市宝溪乡溪头村八棵树公园

上海张江的参展经历，激发我前来大陆工作的兴趣。2009年初，时任浙江省龙泉市市长的梁忆南邀请我为“龙泉香菇博物馆”做建筑景观设计，并交付了溪头村的公园设计。当时他正关注日本和中国台湾地区的社区营造在乡村发展上的可行性，并想引入龙泉，于是邀我为这个公园设计，并注入一些社区营造的精神。这个邀请使我有机会真正深入当代中国乡村，开始了对当代中国乡村发展状况的了解和互动。他提示我的一句话，要把设计做成“从龙泉土地里长出来的感觉”，对我产生很深的触动和启发。

宝溪乡溪头村位于龙泉市西北偏远山区，距龙泉城区约有一个小时车程。幸而宝溪乡政府设在村内，使得这个偏远乡村比其他山村留住了更多人；加上本村平地较多，全乡唯一的小学也在此，因此这个偏远山村便显得较有人气。但由于大山中交通不便，村民们似也未多想什么大规模的发展，安心如常地过着半农半加工（主要是竹木和陶土）的简单日子。

这个位于溪畔的公园基地原本是一片简易竹木加工车间前的晾晒空地。初到村里踏勘基地时，一道弧形的水岸以及沿着水岸的八棵大树吸引了我的注意。踏勘之后，一位周乡长问我对于公园设计有何看法，我把水岸和八棵树的美感说出时，立刻引起旁边一位年近60岁的村民的回应，说他小时候听村里老人说这些树已有60多年，推算起来，这八棵树已有百年以上的树龄，且是村民生活中的重要记忆。

踏勘之后两周，我联系乡政府，希望安排村两委一起来讨论设计方案。当我们拿出一份名为“八棵树水岸记忆”的设计草案时，与会者对方案表达了高度认可，并希望我们多留几天来认识村民的日常生活，以便对方案加以优化。最终的方案不但吸收了村民希望的活动内容，还在梁市长的支持下安排出一种“参与式的施工方式”。2009年初秋，公园正式开始施工，梁市长还亲自前来主持了一场“乡下人办喜事”式的简单而隆重的开工典礼。

设计和施工过程中，还有一些感人的插曲。由于进行了多次设计方案讨论，大家对这个公园有了更多期待，因此设计定案时的用地范围扩大了，施工内容也增加了许多，所需要的征地补偿和建设费用超出了原有预算。于是村两委在村里发起自由募捐活动，结果募集了数万元的建设费。类似的热情也发生在施工过程中，当时整个公园设计所使用的主要材料是鹅卵石，需要不同大小，于是乡政府一位新到任的女性村干部，自告奋勇带着村内妇女在河道中按施工标准找到上万颗卵石，缓解了施工材料取得的压力。

2010年初的春节前夕，以“八棵树公园”为名的溪头村口公园完工了，并在市乡两级领导主持下完成落成典礼。当天上午阳光灿烂，全村村民扶老携幼到现场观

礼，一种“互助共成”的传统乡村人文精神，通过鞭炮声、军乐队、腰鼓队、小学舞狮队的助阵，在这个偏远山村中传播开来。

八棵树公园的设计与施工过程，是一个非常难得的“社区总体营造”成功案例。它不但带动了村干部和村民的高度“参与感”，并且激发了村庄自主性环境改造的热情。八棵树公园完工后不久，我们又受邀做整体发展规划纲要。在规划过程中，“八棵树水岸记忆”逐渐演化成为“溪头村生活生态记忆”，村干部与村民陆续自发完成大会堂改造、龙窑复烧、“活水进村”（村内水系的公园化利用）、老街铺面整修、社庙重建、溪流生态复育等大量工作。

此后的溪头村犹如搭上乡村建设的特快车，2013年荣获浙江最美村庄称号，2014年获中国人居环境范例奖，2015年入选国家级新农村建设示范村，2017年确认建设为国家4A级旅游景区。虽然之后各种为溪头村“加冕”和“寻租”的力量不断在此运作，但溪头村的发展仍一直保持很大比例的“内发性”，村两委对村庄发展的认识，仍延续着村头八棵树所唤起的生活记忆，并未让村庄发展和乡村的自然与村民的福利脱节，更难得的是，村中不但有人“在村创业”，并已开始有人“返村创业”。

四、我的乡村经验回顾和期望

回顾过去的乡村工作经历，吸引并推动我的力量来源，在于乡村环境和生活的自然纯朴，以及深藏其中的中国人文传统。从1982年的台湾台东兰屿经验开始，直到

村民对于鹅卵石施工效果进行反复研究

台湾宜兰、浙江丽水，以及近两年的宁波，30多年来的每一次工作接触，都让我一再看见这一力量的存在以及它的丰富表现。我真实感受到中国文化在数千年中流传繁衍的深厚力度，以及代代中国人依据它而建立起的家族与乡里的拳拳之情。

从设计的角度来看，中国的乡村环境，不论在整体布局或建筑与景观的细部处理上，均有很好的表现，不单在一些望族名村，就连偏远穷乡的村落也不乏巧妙的技术运用和艺术效果。可以想见，在过去的长远世代中，这些营造观念和手段并非专家式的独门技术，而是通过各类乡村工匠和士绅村民的共同实践，发展成为简单通用的营造常识，因此得以广泛流传。然而，在近代城市化与工业化潮流的全面推动下，乡村不仅失去了土地，也失去了原有的经济和社会文化体系，尤其随着大量人群离乡背井走向城市，许多传统技艺和环境认知都失去了可运用的背景。

谈及近代乡村的衰败，一般多从经济结构角度来探究或说明原因，但从我的工作经验所见，认为问题不仅在此，很关键的一点，在于我们对“城乡关系”的“反向认知”。按照历史发展的事实，乡村是人群开始营造定居生活模式的起点，而城市是这个模式向外打开的一个窗口、一个互动交流的公共空间，换言之，城市的出现是因为乡村的存在而需要，就如同一个家庭空间中，客厅的出现是因为有其他房间（如卧室、书房、工作房）的存在。然而当前的城市化潮流，却把城市当作生活的

溪头村『活水进村』一期工程改造前（左）与改造后（右）

起点，乡村像是为了城市发展而存在。这种与中国传统相反的城乡认知，犹如一个家庭只追求更大更华丽的客厅，而把家庭成员所需要的各种房间一概取消，把所有人的生活空间压缩在这个庞大的华丽客厅之中。

造成这种“反向认知”的原因，是我们对于西方城市发展模式的过度崇拜。西方城市发展传统，使得他们累积了不少城市型“精致文化”。单独来看这些精致性，确实有值得学习和模仿的价值，但这种通过城市打造精致性的西方文化取向，对于拥有庞大历史性乡村的中国社会，却并不一定适用。中国文化下的生活习性以居家为主，精致的空间适合于少数场所，而大多数生活在于朴实自然，因此只有以乡村为母体的环境发展模式，才能把众多的人口妥当安放在如此广袤的土地上。

从1990年的台湾宜兰经验中，可以看到一种基于“乡村主体性”的循序渐进的发展方式，它通过各种新的规划设计方式，将政策、设计、大众三方面重新联系起来，让乡村的土地与人群得以在原有的人文环境基础上受到保护和强化，然后才因地制宜地嵌入外来的开发项目，与台北的城市化外延发展衔接起来。而1990年这个启动时间点也非常关键。当时的宜兰尚未有便捷的高速公路连接台北，城市化力量对宜兰尚处于观望状态，因此在2005年台北—宜兰高速公路通车前，这15年的“预防性”机制正是保护与强化土地与人群联系的重要“打底”阶段。

对照之下，浙江所经历的10年乡村发展，似乎缺乏一种“预防性”机制和“打底”工作，城市化建设与乡村发展有时矛盾并行。乡村发展经常引用城市化发展的模式，吸引大量的外来开发力量，追求快速的发展效果。另一方面，由于高速公路全面伸向乡村地区，造成乡村“退隐感”的消失，从而完全暴露在以城市为主的发

溪头村「活水进村」二期程改造成果

展网络之下。虽然这一模式可迅速提升乡村的经济地位，但表现出来的成果多半只具有乡村风味的“壳”与“形”，而缺少乡村的“神”与“情”。

综观中国乡村，因其分布广，各地方的族群特色和历史积淀深厚，一旦能重新梳理近10年的乡村发展经验，并在西方城市化经验之外找到一系列适合中国的乡村发展模式，势必能在全国遍地开花结果，形成一个广大的环境母体，重建起一种新的城乡发展格局，成为真正具有中国风貌的人居与游赏环境。从我的台湾和浙江经验中，我看见中国乡村地区具有的强大潜力，这不但可优化乡村人居生活质量，也是带动整个传统文化复兴的契机。

在台湾老友李麗雅的推介下，借《碧山》一书回忆与述说我的乡村工作经历，并一再反思中国乡村文化重新回归的可能。我相信在不远的未来，当前面临衰退甚或消失的美丽乡村，终将会因它的朴素自然和丰富的人文性，再次受到人们的喜爱，并成为我们生活环境中最普遍与熟悉的场景。台湾和浙江的工作背景虽然因时因地有一些差异，但就一个大时代的发展而言，仍存在很多值得探讨的共通课题。借着这次书写机会略做梳理，希望能对所有关心乡村发展的朋友，提供一些有益的思路，并成为有意义的参考。

（本文图片由作者提供）

喜岳·云庐

非常之常。非凡之凡

刘昭吟

云庐夜间全景
供图：刘宇扬建筑事务所
摄影：苏圣亮

喜岳·云庐很有名，不是八卦耳语的有名，而是正经获奖的荣耀。云庐所获的国内外大奖有许多，诸如DOMUS第五届改造与保护类国际大奖银奖（2015）、ARCHMARATHON奖、《城市·环境·设计》（*UED*）杂志“2016中国最美民宿大奖”、2016中国最具品质的民宿精品酒店奖等，更被《旅行者》杂志誉为“桂林山水的乌托邦”，与安缦·法云和雨林老屋齐名，被评为中国村落改造的最佳案例。

然而，在我接受宇扬的邀请参与本文撰写之前，我对云庐一无所知，仅能模模糊糊地描述“是不是刘宇扬的那个、好像在广西还是哪里的民宿？还是酒店？还是农民房？”在我开始采访后，相对于云庐的知名度而言，其创始人曲明、建筑师刘宇扬、投资人周欣，甚至云庐自身，却都平凡到没有任何惊艳或惊乍之处。曲明一问三没有，没想过风格，没想过运营，没在求道；宇扬没有摆弄譬如叙事、场所、本源、对话、共生等这些令人肃然起敬却摸不清具体含义的专业措辞；周欣没有提到过一次“商业模式”，并且对于我“金融业给你的训练难道不是立马成功”的问题，直接斥为偏见和误解。

“建筑师在乡村”是个药引子。当外部力量进入村庄产生化学变化时，建筑师与建筑都只是其中之一，既非伟大到成为全部，也不可能孤立到只是唯一。值得探讨的是整体，云庐与在地、云庐人与在地人，而我的报道仅仅是局部。

喜岳·云庐：非凡之凡

初访喜岳·云庐，惊艳的不是云庐，而是当地非凡的喀斯特地貌。阳朔山水本身就是人们到访的理由，它能捕获人们全部的注意力，并且使人怯于使用言辞去形容它。难怪古人也只给予了定位——桂林山水甲天下，阳朔山水甲桂林，而没有描述。

东北人曲明对这里的形容是“俊秀，尖壮，有光透进来”。曲明被阳朔吸引的第一眼是看了电视报道的月亮山。在他亲身探访、身临其境时，被这“俊秀，尖壮，有

光透进来”的地景惊呆，便在漓江徒步来回寻找那可能召唤他的村落。第一次的寻访，空手而归，但冥冥中他总觉在漓江遗失了什么；一周内再次飞回漓江，找到竹丛中露出的几栋黑瓦黄土房。蓦然回首，那人就在灯火阑珊处。

桂林人周欣在喀斯特地貌中长大，遍游世界知名山川，但无论多出名，她都觉还是桂林美。“秀美与俊俏的结合”是周欣的总结。她说：“当你成长的环境是世界上独一无二的地景，又是你的日常一切，那么（它对你来说）就产生了崇敬与亲近的双重性。你觉得（它）很独特，又觉得它是你的。”是的，当夜幕垂临，人造物隐去，这尖壮的身影进逼眼前、伸手可触，巨大而不压迫，以银河繁星为幕，自有神圣性，崇敬而亲近。

然而，云庐却有些令人失望。正如张爱玲所说：“像我们这样生长在都市文化中的人，总是先看见海的图案，后看见海。”像我这样带着调研任务的人，总是先看见云庐美照，后看见云庐本尊。在云庐美照中，云庐是那样遗世独立，任周边谁都无法侵扰它的风采的一分一毫；但在真实世界中，无论闲坐还是开门推窗，你都无法忽略周边楼房对你的视觉侵占。2012年，仅仅在曲明交了房租的一个月内，紧贴着云庐的地块上便建起了新房。对此，曲明受到不小冲击：“那时心里落差很大，很失望，在路上站了老半天才走进去。自己的梦想发生了翻天覆地的变化。但当时合同签了，钱都交了，也只能接受了。”

左：无法避免的周边建房潮
供图：刘宇扬建筑事务所 摄影：苏圣亮

右：地方政府出资出工修建的兴坪地区农村建筑
供图：刘昭吟

把房屋租给曲明的老乡在自己的土地上另建新房，这有其合理性，否则你让老乡住哪儿呢？建为楼房亦有其合理性，老乡总得为以后儿子娶媳妇做准备吧。难以理解的是，地方政府出资出工为民众加装的纯装饰的马头墙和木栏杆，以粗暴之势成为村落建筑的新风格。新建农民房在位置、规模、形态与空间关系上，本就缺乏规划层面上的协调与互助机制，而雪上加霜的是政府强加的、与在地无关的风格审美，它往往是地方政府以“美丽乡村”“示范村”等各种名头直接介入的“创建运动”。曲明说：“当时阳朔的美与现在云庐的美有着天壤之别。”若政府对新农村的建设并非致力于一种协调机制，可以预见，我们失去的美将更多。

但在云庐安顿下来仍是愉悦的，没有多余的字可形容，除了“舒服”。云庐不是独栋民宿，不是联排客栈，它是小规模的精品酒店，占地10亩，7栋房屋，27个房间。它入眼的和谐是：客房都是土坯房，外立面静雅，内部装饰并不小清新。每座土坯房有自己的院子，适宜独处。那座体量较大的毛石墙新建筑是餐厅，与广场连成一个主要的公共区域；广场保留的老压井是孩子们的游戏场，户外长餐桌嵌入的多肉透着生气。房屋与房屋之间是“仿佛没有设计痕迹，但若非经过收拾绝不可能这样舒适”的空间体验，譬如，石板辅以碎石边界的小径引导出空间之间的联系，碎石边界与蔓生的野草自然交融的生机，区分院落而又不封闭的、低于视线高度的石墙，界定空间领域的地面植栽……这些都并非按图施工所能一步到位打造的，而必然是日复一日、边住边加、边加边改生长出来的日常在地之美。

石墙上的木框盆栽
供图：刘宇扬建筑事务所 摄影：Oliver Huang

有生机的石板小径

供图：刘宇扬建筑事务所

摄影：苏圣亮

云庐的舒适感，部分也源于与肌肤直接碰触的室内软硬件。室内没有秋千，没有老树根茶桌，没有古琴，没有情人椅，没有纱帐，没有希腊蓝，有的只是舒适度高、质佳耐用、触感柔和、天然色系的床、床头柜、衣柜、卫生间，以及对于我这类旅客来说极其重要的书、桌、椅——阅读空间。

除此之外，我尤其被“门”吸引。它使我确定即便是再平常的人家也会在门面处费心，这是屋主的自重和待客之道。云庐的土坯房，采用与泥砖不同的青砖或条石界定门的范围，上有门楣下有门槛，并有石阶拾级而上，以确立门的中心性。青砖条石所确立的门界之内有木门框，增加了门的层次感，也强化了中心性。门楣处的两根纯装饰圆木或八角木柱增加了门的仪式感，与木料色泽一致的两个金属门环又与那两个门楣圆柱相呼应。门内，光线穿透木板缝，老木门的木纹和粗质表面闪闪发亮，门槛石如柱础般凝固了这一刻。所有部件是如此和谐互助地共同形塑着门的整体性，仿佛这些部件是从这个整体性中“生长”出来，而非“加总拼合”。这些漂亮的入口是怎么办到的？宇扬回答我：“门都是回收的。”我不禁心生感谢，感谢云庐的所有者和设计师下手轻缓，保留了如此平常的美学。同时也不禁想起亚历山大的措辞：无名的品质（quality without a name）。也许这也正是宇扬更愿意从时间中追寻空间的原因。

喜岳·云庐的设计过程：顺服常道

曲明租下这片民房后开始遍访设计师。作为一个野惯了的旅人，他想要一个顺服自然的设计，而不是把设计师的设计拗进自然里再冠以“融合”之名。几个月下来皆徒劳无功，直到他经人介绍与汪莹打了通电话。那通电话里，曲明听到汪莹强调尊重老房子的原则，“她说，‘不要把它设计成设计师要的东西，尊重是基础’。我说，‘就是你了’。”于是室内设计师汪莹迅速地邀请建筑师刘宇扬一起与曲明面谈，三人一拍即合，对于农村非历史保护建筑的实践踌躇满志。汪莹负责室内与景观，宇扬负责规划与建筑。

“顺服”便是云庐之所以舒服的秘钥。

曲明对于云庐的定位很简单，甚至是天真的。他说：“我就准备这些钱租这些房子，20年租约，改造做到极致，没想过回报。”宇扬回忆：“他就想有一个地方

与朋友一起玩儿。我们就想，你不玩的时候房子是空着的，我们就与他商讨，用特别不情怀的方式做这个情怀项目。”于是，在项目初期，三人一起调研了阳朔地区的酒店民宿，明确了市场仍处于空白的精品酒店是云庐的定位。

产品定位确定后，他们并未马上着手做方案。排水、化粪池、变电箱、管线等这些农村最缺的基础设施的搭建，虽然是毫不浪漫的、花钱最多的工作，却是开始建筑方案的前提。三人在基地现场共同决定了规划设计原则：保留土坯房，做内部改造，对景观做整体改善。“第一次做农村项目，不确定要怎么做，但确定不要怎么做。不要很现代，不要改动很大，不要增加封闭性，不要宏大。”在宇扬的陈述里，就只有这些简单的原则。

然而，在这种简单里一定有什么打动了宇扬的心。宇扬描述土坯房时，有一种小孩子玩黏土的快乐：“红砖房和土坯房代表两种不同的生产体系。红砖是工业化批量生产；土坯是农民自己夯土，用一个木盒子，把黏土、稻草、抹灰放进去夯实，就成了土坯的形状。土坯房两周就可以盖好，钢

左：
云庐保留并修复的土坯房屋入口
供图：刘昭吟

右：
土坯房门内，木纹粗质表面闪闪发亮，门槛石如柱础
供图：刘宇扬建筑事务所 摄影：苏圣亮

筋混凝土则要等21天干透。这个对比很有意思。于是我们就想做个试验，使老土坯房适合现代居住。”

对于宇扬来说，玩黏土的快乐深处，存在着“真实”生活：“（这个过程里）打动我的是村民互助盖房。全村一起来，两周，只有房顶屋架需要从外面找师傅来搭。任何农村、城市，只要流传几百年下来的，都是自然、合理的美学。老乡世世代代住那里，按他们的实际状况与能力建设一家几口需要的房屋，不是徽派大宅大院，也好看。老乡依据能找到的木料，决定面宽与进深；砖的体积与是一个人上手或是两个人一起搬有关，不会特别大；石头就切得比砖小，因为石头重，没有机械设备怕搬不动。这些都很符合村民的生活习惯与工作方式，世世代代传下来。但现在村里没有年轻人，不这么盖了。所以这五组土坯房，能留多少就留多少，我肯定不会拆它，因为拆一个少一个。”

土坯房的保留，是曲明失而复得的初心，是汪莹的专业理念，是宇扬的真实世界。保留的共识不是被讨论出来的，它本来就在每个人的心里，只是被召唤了出来。但它的实际工作并不容易。桂北土坯房为“三空”房型，中间是厅堂，两侧是房间，二层储物。改造时，中间厅堂保留其集体性，功能转化为房客交谊空间；两侧上下各两间客房，但这就出现了二层层高问题。由于二层是独立房间而不是套内夹层，客房不能标准不一，使客人不舒服，那就必须加层高。“加层高就面临设计纠结：

云庐保留村落错落肌理

供图：刘宇扬建筑事务所 摄影：苏圣亮

云庐保留村落错落肌理

图片来源：刘宇扬建筑事务所

摄影：苏圣亮

加上去的墙面如何表达？通透还是土砖？汪莹曾有一稿方案是加玻璃，我感觉不太对，觉得那是建筑师在表达自己……关于历史建筑改造，我认同新旧要有差别的主张，可是在这个方案，加玻璃似乎是为了新旧表达，而新旧表达会对体验产生影响。最后，这个土坯房就按旧方法做。因为原来的屋顶漏水漏风必须修，就借屋架下架把山墙往上加，3层砖，60~70厘米。做完后，砖的表面比较新，但是下几场雨后就看不出来了。不特地提醒，别人都看不出做了加高。”在宇扬的这段“设计纠结”自述里，我听到“体验者”被放在主体位置，由此而来的是遵循日常，以及专业形式主义的让渡。

村落尺度的肌理是由宅基地的分布所决定的。云庐非横平竖直规整排布，而是略有错落的小趣味。“这种错落，不是我画的，是保留的结果。”宇扬有一种不居功的理性。宇扬的开刀手术主要施行在入口处。云庐入口处拆掉了一座砖房，改造为接待区、缓冲区和餐厅，餐厅与广场相连，使“入口—餐厅—广场”三位一体，形成具有凝聚力的公共空间，而土坯房小院则是较为私密的居住空间。广场原是两户人家的院子，拆掉两家之间的院墙使其成为一个整体，保留的老压井可动手压出冰凉的井水，使这个广场拥有活力中心。介于接待区与餐厅之间、作为等待和过渡的缓冲区，要做“虚”，但又不能真空，于是采用轻质的阳光板，成为能使光线穿进来但有所遮盖的中间地带。当地多雨，下雨时，有阳光板覆盖的缓冲区能使旅客在办

云庐入口与餐厅之间的缓冲区
供图：刘宇扬建筑事务所 摄影：苏圣亮

理入住、退房、等车时，临时置放行李，是使酒店管理功能顺畅的设计。作为使用者，无论是酒店经营人员或游客，都感受不到任何强迫性信号的提醒：看，这是设计。

餐厅的原初构想是玻璃房，向正前方的大片农田敞开，使良田美景尽收眼底。然而，在宇扬第二次去基地时，那块良田已被新建房屋占据。这便不得不更改方案，改为毛石墙开大窗，佐以钢结构、玻璃、炭化木和青瓦。从村道望向云庐，人们的视线被大开窗投出的暖光和饮食的幸福所吸引，那片毛石墙仿佛原本就在那里，经历了些许岁月。宇扬自信地说："我的破题很简单——使建筑融入肌理。"也许是建筑师的内在与当地气质发生了某种整体性的共鸣，用曲明的话来说，是"能量场的交互作用"，也许这肇因于建筑师对当地营建常道的一种顺服。

喜岳·云庐与在地：链接内生力量

云庐周边的新建房，即使摄影师能够取巧地通过拍摄角度使之隐让，即使建筑师能够通过设计缓解不和谐，都无法回避一个问题：一个外来的投资者与村庄的关系。

云庐，不是没有被泼粪、被卡车挡道过。它象征着一种城乡文明冲突，尤其在对契约和产权的理解上。对于曲明来说，按照租赁合同，"乙方在承租期间，拥有该地的全部使用权，甲方不得干涉乙方的任何经营策划"；对于老乡来说，你在我地盘上做事，却不按风俗习惯来走动、来沟通，这是看不起我。对于曲明来说，我租下了这一整片农民房，在这村道上修一道门，合情合理；对于老乡来说，你跟我们租的是这几户人家的宅基地，村道是村集体的，不属于任何一户人家，你没有权力在村道上修门。对于曲明来说，云庐是他的梦想，在这个梦想里，"国际范"很重要，所以曲明招人的刚性条件是懂外语；老乡对此有意见，噢，这本来是我们的房子，你现在要招人，还不请我们，去外面请人，嫌我们不懂外语，看不起我们。

周欣，从2014年云庐试运营起就是云庐的常客，2016年成为云庐的最大股东。周欣接手云庐后，将员工比例逐渐调整为当地人占九成，其中不乏兼具村民、员工、房东三重身份者。暑假期间，有员工把孩子带在身边工作，一日，孩子因吵闹被店长斥责，员工不禁有怨——这房子本来是我家的，于是一气之下叫来卡车堵了入口。周欣没有去教训员工不许带孩子来工作场所，没有去教育店长对员工说话要更

望向云庐，餐厅的大开窗
投射出幸福的暖光
供图：刘宇扬建筑事务所
摄影：苏圣亮

有技巧，她思索的解决方案是：在村里给孩子们建一个有图书角、有游戏角的公共设施。

周欣似乎本能地能在问题的脉络里而不是文本上寻找解决方案。相对于曲明的话少或懒得解释，周欣能自然而然地与老乡打成一片。周欣向老乡租地建员工宿舍，20年后房屋归属老乡，这一来，老乡就会介意房子盖得好不好，建材房型各方面都得经他同意，而且由他监工。我问："这样不麻烦吗？这样会不会盖出你不喜欢的房子，赔了夫人又折兵？""我不想租老乡现成的房子，这会导致他们必须搬走，搬了也是在这地上起房子，又是一样的问题。"说罢周欣趋前去看老乡买了什么好菜，说今年的柚子不行。

相对于曲明与老乡的关系停留在合同上，周欣与老乡的关系则交织在生活中。在周欣第一眼看到云庐的房东手上抱着的孩子时，她便知那孩子患有身心障碍方面的疾病。周欣是宝贝基金会（Baobei Foundation）的理事，曾帮忙救助了150多个先天重度残疾、被家庭抛弃的孩子，而她这一次却被房东这一家人感动，因为他们没有抛弃自己的孩子。所以，即便房东之前在云庐餐厅前建新房，使餐厅损失最好的景观，迫使宇扬改方案，周欣仍认为，"这个家抚养这个孩子很了不起，所以我并不觉得他们起的楼好看或难看是回事儿。"于是她启动手边的资源，协助房东的孩子到上海看病，并提供理疗仪器。

相对于曲明对国际范的执念，周欣则表现得相当放松。曲明曾安排希尔顿前来培训云庐员工，大酒店的标准作业流程很严格，员工接受不了。周欣却认为，最乡土的也许是最世界的。她把村里的服务员拉去莫干山培训，许多人都是第一次搭飞机。她让员工保持自己的风格，关注如何把他们最好的部分提炼出来，而不是将他们训练为标准模版。这种放松来自周欣对国际旅客的信心："这些外国人能这么大老远从他们的国家来到这里——不是通过旅行社，而是自己来，一定有他们自己适应环境的办法，你一定要相信这些人，不用担心他们的沟通能力。"信任游客与信任员工是一体的两面，周欣接着说："你不能要求每个人都说外语，这是不现实的。你所有的人力必须是内生的，这是他们的家。"她指着在吧台洗杯子的员工，"那位大姐是我们的员工，她女儿高中毕业后又可以成为我们的员工，如此源源不绝，而可持续。"

回到外来者与在地的关系，周欣的心得是："所有的村民都这样，他们对于有人愿

游客在云庐餐厅就餐、畅谈

供图：刘宇扬建筑事务所 摄影：Oliver Huang

意把这些知识教给他们，是很感谢的。生活中互助的小事多了以后，村民就会觉得'他们来这里不是为了赚钱'，慢慢地就不来惹事了，而且反过来支持。所以（这二者的关系）不是绝对的、对立的。"

喜岳·云庐：非常之常，非凡之凡

喜岳·云庐是成功的吗？基于云庐的知名度，人们说云庐当然是成功的。但是精算的人们马上指出：云庐是千万级别的投入，如果不能短期回收，都是下沉资本，能说是成功的吗？如把议题限于金钱计算，扣除配套设施和景观，摊在土坯房修缮改造的成本，平均一栋50万元。相较于多数民宿钱没少花品质却多有惊乍，云庐证明了农民房的改造可以既经济实惠又高品质，可以是农民可支付的修缮成本，这对于"建筑师在乡村"具有标杆意义，也说明了非历史建筑民房的修缮多么需要建筑师的真正实践，以对抗那些与地气无关的流行风格。

那么，除了可计算的成功之外，有没有比成功更值得问的问题？

在我看来，喜岳·云庐的实践意义，是创始人、建筑师、投资人的因缘和合，这种耦合如果是云庐的成功要素，那么，很遗憾地，云庐的成功不具备复制性。然而，云庐人投注于云庐的态度却是可以学习的，他们的共同特征是——直面真实，不迎合。

云庐餐厅晚间时分的温馨场景
供图：刘宇扬建筑事务所 摄影：苏圣亮

云庐的员工
供图：喜岳·云庐酒店

如果不是因为曲明的个人梦想——在整整三年里，从买材料到施工到招人，专心孕育这个“孩子”，云庐不会这么个性鲜明地存在。如果不是汪莹和宇扬从真实世界出发——真实调研酒店民宿市场，真实顺应在地营建，云庐的建筑和空间不会呈现出一种由内而外的整体生命力。如果不是周欣的个人梦想与在地产生更有机的连接——双向的真实互助、真实包容而孕育内生力量，云庐不会以更大的心量完善它在生命历程中与这个世界的关系。

云庐是慢慢长出来的，就像生命体一样。你会问生命体是否成功这样的问题吗？正如周欣所言：“如果想的只是商业模式和利润，很多时候动作会扭曲和走形，最后商业模式也无从谈起。”

生命体有不断完善其自身的宿命与责任。而自我与世界的关系，是完善自身的全部功课。云庐也是一样。

“非常之常，非凡之凡”这个题目，起源于身历现场时阳朔山水的非凡感与土坯房的日常感的对照。无论喜岳·云庐是在非常中走了一条常道，或在日常平凡中坚守出了不常与不凡，它都走上了与这个世界有更好的联结这条路。

原本应当是一种精神对话

谈五龙庙环境整治的思考

齐晓瑾

过去几年中，在山西南部这片中国最古老的区域之一，许多处在乡野环境中的唐、宋、辽、金、元朝时期的建筑，因为“保护整治”，周边环境发生了剧烈变化。米兰世博会万科馆发起“龙·计划”，通过众筹获得资金，支持芮城县五龙庙文物环境整治工程，旨在把文化遗产保护纳入公众的视野，以众力和设计促进传统建筑文化融入当下。都市实践领域的建筑师王辉受到邀请参加这一公益项目，主持了五龙庙环境的整治设计。工程于2015年上半年启动，2016年5月竣工。

这项不寻常的工程自启动以来，就受到社会各界的重视。传统上，文保系统外的建筑师要参与文保单位周边的设计并不容易。这是一次跨界，更是一次对所跨之界的检验。2016年，设计方案和照片逐渐出现在网络上之后，引发了一系列激烈的讨论，设计师与批评者纷纷撰文阐述立场，《建筑学报》更组织了一次现场专题研讨。怀着对山西南部的向往和好奇，我从北京出发来到中条山北的运城，再从运城搭车前往中条山南麓的芮城县，五龙庙所在的中龙泉村就在县城以北不远。

山下出泉

车沿着中条山中段的公路南驰，一路上不断出现通往各种龙王庙的路标。五龙庙只是其中最古老的那座建筑。龙王庙，意味着有泉水。南山有泉之所在，平畴沃野，聚落比建筑古老，泉水比聚落古老。

“《象》曰，山下出泉，蒙。”山下出泉为《易》蒙卦之象，充满生机。

五龙庙现存五方碑记，唐代的两方碑都题名为《龙泉记》，清代的三方碑都是关于建筑重修的。唐代较早的一方《龙泉记》，主角为泉。龙泉经疏浚，曾“周回三百三十有二步”，可“尽江湖胜赏”，又能缓解一时之旱（张铸《龙泉记》）。因此“制小屋，图其形，写龙之貌，为乡人祷祀之所”（郑泽《龙泉记》）。后一方《龙泉记》相隔仅21年，记述了陕虢地区群牧使袁公因神人托梦祈雨应验，拆除旧屋、重建神祠并使巫者祈祷祭祀之事，即为现存建筑之始。

“县城北七里为古魏城，城西北隅有一泉，其窦如线，派分四流，浇灌百里，活芮

从五龙庙附近的农田北望中条山
摄影：齐晓瑾

之民，斯水之功也。”县令郑泽的历史感指向了在唐代已经成为遗址的古魏城。根据《史记》记载，晋献公封毕万于魏，在芮城县北五里，郑泽所记与现代的考古发现可以相互印证。五龙庙所在的中龙泉村位于古魏城内西北侧，自此发源的泉水纵横，清澈而奔流不息，不仅滋润过古魏城，也曾为芮城灌溉百里。

泉水如此重要，泉水周围的三个村子都围绕龙泉命名为“前龙泉村”“中龙泉村”“后龙泉村”。在唐代，这座供奉龙王的神祠，只是龙泉名胜中的一个要素。

尽管龙的形象在中国非常古老，但因泉水而建龙泉之祠，仍然与唐代的背景有密切关系。唐代开始，官方每逢仲春都要祭祀青、赤、黄、白、黑五龙。宋承唐制，在北宋末年明文册封了五方龙神：青龙神封广仁王，赤龙神封嘉泽王，黄龙神封孚应王，白龙神封义济王，黑龙神封灵泽王。所以，“广仁王庙”也即“青龙庙”，表明了宋时人们对此处渊源的认知。

清代的碑记都始自里人捐资对乐楼的修缮，可见清代戏台使用的频繁。有意思的是，清代的本地人只在题刻上见到“广仁王庙”四字，已不知“广仁王”称号的来历。50年后，庙宇和乐楼再次因为倾圮重修，这次的碑文记录了修缮资金的来源：嘉庆年间，庙有官方经费，亦砍伐了庙内古树以筹资修缮。

经历了近代以来的毁庙兴学浪潮，庙宇曾经作为村中小学，庙中原龙王泥塑亦不存。20世纪50年代，庙宇被官方重新“发现”和修缮，后作为唐代建筑而被定为全国重点文物保护单位。“五龙庙”这个名字来自早期文物调研时村民指称，如今已成为其官方名称，不过人们似乎没有注意到“五龙”与庙额“广仁王”之间“五”和“一”的差别。

龙王庙的信仰遍布中国。安德里亚斯·博安特（Andreas Berndt）指出，龙王作为唐宋以来被官方承认的水神统领，在不同地理环境的传播中发展出不同特性。他转引王守恩对山西太谷县的山地和盆地区域水神庙分布的比较，指出山区更依赖泉水和降水，有更多的龙王庙，而盆地则分布更多的河神庙。

乡土时空

在中国不可计数的龙王庙中，五龙庙是最古老的一座。在中国仅存的三座唐构中，

山西广灵县水神庙 摄影：朱若麟

五龙庙可能是最不起眼的一座，但也是与村民生活最亲近的一座。

《AC建筑创作》（以下简称AC）杂志编辑部在出席五龙庙环境整治工程竣工仪式后，留下一篇有趣的观察稿《五龙庙前的乡土与精英》。[1]原来，工程竣工当日刚好是农历四月初八——运城当地的关公巡城日，一位大妈一早就来到庙门口想摆贡，却因为恰逢文物环境整治工程的竣工庆典，不让摆贡也不让上香。AC编辑部的记者敏锐地注意到设计趣味与乡土之间的张力。倾盆大雨使竣工仪式提前结束，终于让“老乡们回到自己熟悉的气场”。

在整治工程实施之前，庙门平时上锁，初一、十五才开门，恰恰说明这座小庙维系着村民初一、十五上供的日常。日常的供奉和庆典渗透着村民对这个古老地点的感知；地方习俗中体现的，是人对地方的理解和认同。AC的观察稿中，记录下看庙的张大爷的遗憾：“庙南边原来有一片龙泉，唐朝的时候就是‘因泉建庙’，没有泉，就没有庙。庙修得很好，却

1 http://chuansong.me/n/1100420343230

只是壳子，没有魂。”

几十年来自发看庙的张大爷，不仅从碑中读出五龙庙的起源与精神，也亲身经历了近年来晋南民间信仰的复兴。离芮城不远的解州是关羽的故乡，传说始自宋代的“关公巡城”游神活动已经举办了十多届。四月初八这天，解州在进行热闹的巡游活动，五龙庙这一天也聚集了周围乡村的村民，戏曲演出呼应着整个地区的关帝信仰。

在通过文物保护操作文本的“文物价值解读”来理解五龙庙的建筑师，[1]和通过读碑、看戏来感受场所精神的张大爷之间，是否可以沟通？

龙泉虽然已接近枯竭，而山下出泉之意象所揭示的蒙卦，则提示我们要重新习得对山川风物的感知方法。

山川|中条的风与物

芮城五龙庙背山面水，近有龙泉，远瞻黄河、首山，“襟带山河”作为这座唐代古观的山川意象，本来不可忽视。在环境整治工程之前的记录照片中，可以看到站在五龙庙前拍摄时视野中清晰的中条山。庙畔，唐元和戊子年（808）裴绩所书的《龙泉记》中提到“前瞻荆岳，却背条岭”；唐大和六年（832）的碑文《龙泉记》中说“古木环绕，山翠回合”。中条山是五龙庙北倚之山，可以说，此处山下、泉畔的建筑标志着神圣空间“让自然呈现”。

> “薄山之首，曰甘枣之山，共水出焉，而西流注于河。……又东二十里，曰历儿之山……”（《山海经·中山经》）

《山海经》收集了中国最早的古代地方神话传说。相传，《山海经》中的《山经》来自大禹治水时的系列地理勘定工作。在叙述完南山、西山、北山、东山四方之山后，《中山经》从中条山尽西端的薄山向东开始叙述。关于中条山的叙述位列天地之中，可见其在上古文化中的重要意义。渑池仰韶、陕县庙底沟、灵宝西坡、芮城西王村等新石器时期的许多重要遗址分布在中条山南麓。《史记·货殖列传》中记

1 王辉在《五龙庙》一文中写道，五龙庙的价值主要在祈雨文化和建筑文化两方面。由于祈雨文化没有条件操作，所以选取建筑文化来做价值阐释。

中条山北麓盐池，摄于池神庙前
摄影：齐晓瑾

有“昔唐人都河东，殷人都河内，周人都河南。夫三河在天下之中，若鼎足，王者所更居也。”芮城县所在为“三河”结聚之区，无论在地形图上看，还是从中条山南北远眺，均能感受到它的万千气象。

五龙庙建于高台之上，不仅便于仪式上的祭祀沟通，也在于能够“四视高旷”，保留眺望北山、远瞻黄河、环视村落和供村民瞻礼的视线关系。

纵观整个山西、河北，许多祠庙都建筑在高台之上，如阳城南山汤王庙：“近邑之南……有岗隆然崛起，俯瞰城郭，襟带山河，极为清旷爽垲之地”；洪洞皋陶庙“在县南士师村东北高阜处”；三嵕庙“即为度地相原，卜得其吉，四视高旷，雅称神居”。建筑师王辉在进行五龙庙的环境设计时，为了营造观赏“唐代建筑”的围合空间和多个“观景框”，在原来与天地山川相接的五龙庙原始环境中，树立起一面面仿夯土的新材料墙体，使得五龙庙变成了一架博物馆中的唐代建筑标本。而“参访路线”的设计取消了原先登台的土坡，观众需要穿过迷宫一样的侧方阵列，学习过一套典型的“中国古代建筑史”知识之后，再从建筑山墙的朝向进入“展品”所在的空间。整治工程之后，眺望中条山则需要离开五龙庙所在的高墙围合院落，绕至院后的观景平台。

左：河北蔚县代王城龙王庙
右：环境整治后五龙庙的唯一入口
摄影：齐晓瑾

意在提升文物周边环境的“整治”，落实为用心的“切割”。可惜的是，这座千年小庙矗立其间的真山水，被强行切割至博物馆围墙之外。乡民和游客被设定为“中国建筑史”神圣标本的谒见者，须移步换景，在建筑师的引导下接受教育。

关于“需求”的独白

五龙庙整治工程完成之后，出现了相当多关于这一工程的讨论文本。

建筑评论家周榕将五龙庙环境设计的立意描述为复活“与神失联”的躯壳，借助体系化的建筑史知识陈列，绵延“文化乡愁”。他认为此次工程的“超现实氛围”“弱化了喧闹的世俗生活对神性领域的袭扰”，为村民创造了“欣欣向荣的社会新生境”。

无论是建筑评论家，还是因为原先五龙庙仅在初一、十五开门就判定其“失去神圣场所地位”的建筑师，都同样缺少对“龙王庙”这一最为广泛而普遍的乡土精神空间的体察。建筑师对“复活”文物场所的使命感，导致以自己的想象为前提，陷入了深度的独白。正如周榕所评论，新的设计对场所的控制意图十分明显。白色碎石铺地，土黄色围墙，让人不由得联想到日本的枯山水庭园，原本龙泉之祠的滋润意象，与今日枯槁脱水的标本之间形成了强烈的对立。

五龙庙环境整治中铺上了地砖
摄影：齐晓瑾

从AC的报道看，作为乡间精神空间的五龙庙，不仅有开光仪式，初一、十五的上贡，也与晋东南地区的关帝崇拜有明显互动。事实上，翻阅民俗学的调查即可发现，晋东南是我国民俗文化极为发达的区域，许多古老的习俗在记忆中并未远去。

回到对传统信仰空间的讨论，所谓“喧闹的世俗生活对神性领域的袭扰”，或许是一种远离本土传统的想象。在乡土的时空中，神圣与日常是自然的共存，从山岳的永恒精神到喧闹的日常，五龙庙这样的乡间小庙其实正是一种联结、一种提示。它用祠庙建筑的方式，标记和揭示“山下有泉”的时空意象。在村庄日常的视线里，高台上有一座古庙的存在。在日复一日的生活中，初一、十五的时间节点，亦是乡土特有的节奏韵律。在乡土上，读书人与村民，儒生与里人，共同留下了历史印记。

在整治设计中，有几个对需求的想象：一是村民的公共活动空间，二是与永乐宫关联的游客驻留目的地，三是博物馆的教育功能，四是体现社会价值。尽管关于五龙庙有着热烈的纸上讨论，建筑师在露天博物馆的设计上也投入了相当的心力，但发展旅游的目的仍然很难实现。更成问题的是，因为把“文化”简化为“需求”，导致设计过程中缺乏对古迹的体悟和推敲，而变成“针对需求的操作”。现代建筑师“重塑”神圣的设计目标，是否源于他们对“个人作品”的普遍焦虑呢？

“知识”在这个操作过程中的作用十分悖谬。设计方对五龙庙的认知来自作为文物

山西介休洪山源神庙，为标记水源而修建
摄影：陶金

管理操作体系知识的“文物价值点”，认为五龙庙的价值在于“祈雨文化”和“四座唐构之一”。又因为缺少条件和能力来“操作”祈雨文化，因此把环境设计的主题引向中国古代建筑史。于是，中国建筑史教育中的显性知识主导了五龙庙设计的叙述。

问题是，一座千年矗立在自己的风土文脉中的小庙，是否通过附加一座教科书式讲解建筑史的博物馆，就能塑造“乡愁”和“神性领域”？建筑师认为，“我们面对的文保对象，几乎都源于实用的目的”，一旦村民不再需要祈雨功能，五龙庙就会在生活中边缘化。在这种叙述中，只有作为精英的建筑师才能修筑通往“神圣”的道路，而村民的信仰实践一定“实用”。这种想象，以及建立在这种想象基础上的设计和批评，反映了对本土知识的隔膜和并不牢靠的优越感。

五龙庙环境整治工程的优点与缺憾之争，在我看来并非文保界与建筑界的矛盾，而是深刻反映出“文物价值”提取中对文物作为“地方名胜”整体之组成的忽视，以及建筑师对本土知识的隔膜。以文物保护为前提的建筑设计，原本应当是一种精神的对话。

说明：本文的写作直接来自2016年C太太客厅群关于五龙庙的热烈讨论，写作过程中亦得到丁垚、郭龙、刘涤宇、刘克成等老师相关文章和公开发言的启发。感谢陶金、张力智、徐健、杨园章等师友在相关问题上给我的指点。所有观点和失误由本人负责。

（本文图片由作者提供）

乡村里的博物馆

高黎贡山手工造纸博物馆及其引发的思考

刘衎衎

博物馆与村落

龙上寨位于云南省腾冲市，隶属于界头镇新庄村，是一个小而普通的自然村。寨子共有54户人家，不到300人。村民祖先因明末戍边，从湖南迁徙至云南新庄境内，后分三支，一支迁到现在的龙上寨。

龙上寨人自中原内陆迁到西南后，仍保存了中原传统文化里的很多习俗，例如每年观音诞，村人都会去庙里烧香；农历七月初一到七月十五，是迎亡送亡的日子；逢家里有红白喜事，或家人得了病、失了三魂六魄，便要请先生来家里念经做法事……种种中原民间风俗，不一而足。龙上寨的民居建筑已经没有一般意义上的老宅，54户人家的房子，最老的大概建于20世纪70年代末，梁木都已腐蚀。每户人家的房子大都有两层，且都有一个宽敞的前院，中堂里都供着“天地君亲师”的牌位，中堂两边是卧室，楼上楼下各有一两间储藏室。这样的建筑样式，在湖南的农村也很常见。

村里的乡规民约早在“文革”时已被破坏，然而从村民的日常处事中，仍

从龙上寨方向看到云雾缭绕的高黎贡山

然能感知到几百年来践行的乡规民约潜移默化的影响。比如村里的青壮年一辈会以“老者”尊称长辈；但凡邻里间发生大的争执，也都会把村里族长和几位老者找来平息纠纷。村民的日常用语里，有粗鄙之言，也有古朴之语。村里长辈对小辈说话，一般是没有好声气的，比如小娃调皮，喜欢在外面玩耍，过了吃饭时间还没回家，长辈出门寻得回来，路上总会骂骂咧咧的：“你个日娘屄娘的，不给老子滚回来！”所以，村里小儿平日说话，“老子老子”的随口就来。古朴之语也在日常用语里，比如村民农活干完，在田头歇着吸口烟，有人走过，会说：“你快然呢嘛！”一树花开得繁茂，村民会形容说：“今年这棵树花开得广呢！”

新庄村离界头镇有3.2千米，而界头离腾冲市则有55千米。建手工造纸博物馆的时候，腾冲还没有机场。团队成员要从北京飞昆明，昆明飞保山，在保山停留一晚，然后坐四五个小时的车到腾冲，再花两个多小时才能到界头镇，到了镇上再换一辆私人小车进村。有趣的是，界头镇到新庄村3.2千米的车费，比腾冲到界头镇55千米的车费还贵：在腾冲只需17元就可以坐公共汽车到界头，但从界头到新庄村则要25元——现在还涨价了，35元。

在这么遥远的地方建博物馆，起初更多出于一种浪漫主义理想。龙上寨54户人家均以务农为主业，手工抄纸为副业。但“文革”时的集体化作业削弱了部分抄纸户的积极性，之后工业造纸占领了市场，原来54户家家抄纸，到博物馆建立之初，只有不到10户人家还在日常抄纸。2008年，知识产权学者龙文、设计师一岸、建筑师华黎来到这儿，三个朋友喝完村里的米酒，走在月光下的田间弹石路上，被麦田里的微风一熏，就做了决定，希望搭个桥梁，连接城市的资源和遥远村落的手艺。

博物馆的建筑师华黎在提到他关于这个项目的建筑理念时说：“这个项目令建筑师感兴趣的问题有两点：一是手工制造在机器时代的意义与价值，在建筑上如何体现；二是建筑的地域性特征如何体现。”

在华黎看来，手工造纸博物馆的设计与建造应当关乎手工造纸这一事物的特征，如

从博物馆西面拍的远景 摄影：舒赫

自然、环保、乡土、人文等。但这其中的核心价值是什么呢？从现实层面来说，手工造纸是绿色无污染、与环境友善的制造方式；而从内涵层面来说，它实际是对待自然的一种态度——尊敬自然，承认事物的生命轮回周期。任何事物都来自自然，又将回到自然，建筑也应如是。

手工纸的文化价值在另一方面也有所体现，即其真实性。华黎认为，纸本身反映了劳动的痕迹和其制造过程的特征，因此具有文献价值。建筑亦如此。相对于机器制造使人与物隔离而造成的一种可称之为“缺席”的状态，手工制作可以体现一种“还原”事物本身的态度；而建筑如实地反映建造痕迹与特征，强调材料、结构等元素能够还原其本质，亦可理解为一种“在场” 。但事实上，即便仍处于“前现代状态”的中国乡村，要完全拒绝机器的介入似乎既不可能，亦无必要。例如在房屋建造过程中，石头切割已经是工业手段的一种，砌筑用砂浆中的水泥亦是。实际上，在龙上寨，手工造纸的某些加工过程中，村民们也早已经开始使用机器（如打浆）。这说明用机器替代手工去完成劳动是文明的必然指向。手工纸在环保上的优势实际主要指其无污染（无化学反应和排放），并非全手工。从这个角度想，博物馆或许也不需刻意追求“不用一枚钉子”这种教条式的建造概念，而可以采用适宜的、符合当地现实的做法。

油菜花开时节的博物馆远景 摄影：华黎

经由时任龙上寨族长龙占先在当地协调村落和土地，一年后，即2009年，手工造纸博物馆正式开工建设。博物馆的建造施工主要由当地工匠与村民参与，建筑所使用的材料是当地民居常用的杉木与火山石，人力与建造材料之用皆秉持了实用和可循环的原则，设计理念则遵循建筑与周边自然、建筑与人、人与空间的相互关系。2011年，博物馆建成。村民一开始很难接受建筑的外型构造，觉得它很古怪。后来，随着村民来参观的次数多了，他们在博物馆里外转转，觉得这里又亮堂又通风，慢慢地，这幢建筑在他们的眼里也好瞧了起来。新鲜的事物进入传统偏远的村子，对当地人来说，从不接受到部分接受，再到完全接受，需要一个过程。

手工造纸博物馆馆址所在地是龙上寨的宗祠坡，这里之前建有龙氏宗祠，想必是龙氏族人商讨要事、举行重大典礼之地。宗祠在20世纪50年代“破四旧”期间遭到破坏，再没能恢复。如今，建筑师在博物馆一楼也开辟了一个小区域，专门供龙氏族人祭奠先祖。但博物馆有没有可能慢慢恢复龙上的乡民社会精神呢?

博物馆与乡建

虽然在龙上寨建手工造纸博物馆的初衷颇有些浪漫，但在博物馆建成不久，从管

博物馆产品设计师武军设计的纸灯「山石」系列 摄影：武军

理和可持续发展的角度出发，团队进一步明确了博物馆的目的与功能。首先是保护。收集、整理和展示高黎贡山周边以手工造纸传统技艺为主的非物质文化遗产，这是博物馆的基本功能。其次是（在传承中）发展。一方面，博物馆作为交流中心，与手工造纸行业建立广泛交流与联系，提升区域造纸视野，提升传统技艺的质量，并在传承的基础上发展；另一方面，通过现代艺术和设计的介入，让传统技艺当代化。最后是建设。博物馆以乡村公共场所和村落文化中心的角色，参与当地乡村建设，介入区域文化、教育、社区的发展。当然，这些功能是否能被充分发挥，需要依托很多条件，如村落的整体经济、政治、文化、风俗等都是重要的影响因素。

当前在乡村建设领域出现了两个热词，一个是乡村建设，另一个是工匠精神（包括频频在媒体中出现的“手艺人”一词）。而事实上，传统农业及乡村里的手工劳

纸作坊员工龙占亮在抄纸

龙上寨村民在揭纸、刷纸

作，提供给农民的是最低廉和最菲薄的酬劳，也是最辛苦的生活方式。

以龙上寨为例。这里90%以上农户的经济来源以烤烟、油菜籽、手工造纸和短期的外出打工为主。当地收油菜的季节在5月份，趁日头辣的时候，把打好的油菜籽放到晒场上晒，若天色有变，就需要及时收回麻袋里，等天放晴，又要将一麻袋一麻袋的油菜籽平铺出来晒。到种烟烤烟季，家家户户都去烟田里干活，村里静悄悄的。烤烟季通常在盛夏，烤烟房里溽热难当，男人们会在烤烟房的旁边搭个简易棚睡下，定时起来观察火候，一连几天通宵作业。烤烟价格由国家决定，种植烤烟所

需的农药与化肥也由烟草公司配备，农户的责任就是种植。一旦遇到恶劣天气，烟叶的质量和亩产量受到影响，烟户得到的补偿却很低，在这种情况下，村民自然担心生计问题。

手工抄纸也并非轻松活儿。每批次的造纸周期大约是两周，从选材到成纸都涉及大量劳作，尤其抄纸这个环节对劳动者的脊背与腰椎有极不好的影响。一个熟练的抄纸人每天8小时抄小纸（即52cm × 60cm，或45cm × 52cm），可抄1 100~1 200张。每刀纸约100张，价格在30~50元。这些规格的纸通常供应腾冲周边市场，如果有好的销售渠道，纸可以走出腾冲，例如茶叶包装纸与寺庙里的抄经纸都会大量采用龙上寨的手抄纸；但如果行情不好，比如茶叶市场低迷或者寺庙的抄经纸饱和，纸的销量就会萎缩。

手艺的最初要义就是谋生，在这背后应有一个相应的经济循环体系支撑。如果市场对于某种手艺的需求不高，手艺人便无法靠此维生，对“手艺人”这个词的所有情怀都是旁观者的一厢情愿。如今，博物馆设计师一岸已经不想再谈所谓的传统手工艺的价值，或是手工纸的文化意义。“手工艺和纸的价值不是我来定义的，是整个时代的文化定义的。纸对于我个人来说，首先是一种特别的媒介，我们以前写字绘画，用纸来传递情感，包括热恋中的情书，都是用纸传情，这里有一种情感的联系。其次，这种传统手工艺可以借由现代的碰撞，在不停迸发出来的火花里面寻找

博物馆一楼第三展厅陈列的煮构桶

界头中心小学的孩子们到博物馆来动手体验手抄纸

到新的灵感。我更关注纸作为产品在这个时代会如何呈现，使用者是谁？而手工艺者又能借此获得什么，金钱还是尊重？”

乡村建设，不仅仅指硬件上的完善，也包括软件的建立，比如建立村落事物的参与及管理机制、村落的水系处理、环境卫生的维持，以及医疗系统、教育系统的改善。

龙上寨的水系处理还有很多工作要完善。村里的妇女们至今还是用沟渠水来洗衣服，而沟渠水在流经上游村庄时，村民们往往在里面洗过菜，洗过沾满泥的手脚，也洗过其他东西，用这样的水洗衣物，难免会因细菌传染而得病。我们在村子里经常会听到或者看到女孩子们向母亲抱怨肚子痛、头疼或眼睛发炎等，这或许与水的使用有关。孩子们有个头疼脑热，大人们除了用田间地头生长的中草药自行治疗外，也经常带着孩子去镇上打吊针。博物馆的工作人员向家长们宣讲过多次关于打

博物馆侧面 摄影：舒赫

吊针的危害，但出于多年的习惯，村民很难改变想法。

可想而知的是，如果上一辈缺少卫生和文明意识，这样的态度也会潜移默化地影响下一代。就如村里的大人们经常随手扔垃圾，这个习惯会轻易地影响孩子们。博物馆建成后，我们常会提醒孩子们在博物馆里参观时，不能随手扔垃圾。经过多次提醒，孩子们的习惯在博物馆内有明显改善，但一出博物馆，受到大环境的影响，往往很难再自觉保持。

博物馆一楼的图书室原本是为村民与村里的孩子所建。博物馆对外开放后，来一楼看书的孩子大多在4~14岁，年龄再大些的孩子往往要帮着家里做农活或家务事，应付很多的家庭作业，休息时间则拿着父母亲的手机玩游戏、听歌。图书对于14岁以上的孩子已经完全丧失了吸引力。

刘姝曼在青田论坛里有这样的灼见：“与理想不同，村民一开始关注的可能不是乡村的景观美化，更不用说精神层面的升华。他们亟待解决的问题是务实的，希望改变乡村的困境，尤其提高收入和生活质量；即使整治生态环境，还以绿水青山，也希望以此作为致富的资本……此外，在乡村复兴中，除了当地村民，投身建设的艺术家和人文社会学者，还有诸如政府、企业、媒体、高校、志愿者等，每个主体都有自己的理念和期待，他们采取的策略和手段不尽相同，而且由于来自不同阶层，他们在利益上也存在分歧。”

艺术家梁岩曾经提出在乡村建立九大关系的可能性，从而追索中国乡村文明的复兴途径。这九大关系的建立包括：

祠堂——人与灵魂的关系（宗族凝聚）
书院——人与圣贤的关系（耕读传家）
庙堂——人与神的关系（忠义礼信）
村落布局——人与环境的关系（自然风水）
礼俗社会——人与人的关系（乡规民约）
老宅修复——人与家的关系（血脉信仰）
桑基鱼塘——人与农作的关系（生态永续）
物产工坊——人与物的关系（民艺工造）
经济互助——人与富裕的关系（丰衣足食）

这九大关系囊括了一个乡村的历史、政治、经济、信仰、礼俗、教育、环境、农作、民艺、审美等方方面面，如果能逐步建立，是非常值得尝试的一个途径。手工造纸博物馆自2014年正式对外开放以来，与村民的互动和交流才刚刚开始。乡村建设是一条漫长的道路，三年的实践仍看不到非常明显的效果，且每个地区从地域特性到政府支持再到当地村民的特点都不尽相同，没有一条可以完全遵循的道路，只能靠自己摸索。然而，若是主要方向正确，接下来的方法当然可以试验，这也是社会试验中不可避免的试错部分。乡村复兴之路注定曲折而漫长，任重而道远。诸位同人志士，大家一起来做这个社会试验，会是多么有趣的一件事！

（本文图片由作者提供）

卷二　传承与表现

木构之思：前童木构营造侧记

叶曼

木构之思

前童木构营造侧记

叶曼

前童木构夜景鸟瞰

前童木构一层内景

浙江省宁波市宁海县西南角的前童古镇始建于南宋，明清建筑群落保存完好，风貌齐整，八卦水系叮叮咚咚穿镇而过。陈逸飞先生曾在这里完成了《理发师》的取景。古镇里许多房子因常年没有人住，不断地倒塌。其中有一小块约7米×7米的宅基地在主街的转角处，古镇政府希望委托建筑师来重新设计建造一座木头房子。于是我便迎来了我的第一个项目——前童木构。在该项目营造之际，引发了5点思考，现梳理如下。

一、东方绿色观：循环营造

> 离离原上草，一岁一枯荣。野火烧不尽，春风吹又生。
>
> ——白居易《赋得古原草送别》

作为地球表面最大的人造日用之器，建筑所呈物象是值得细细揣测的。中国传统建筑始终有一种“人生一世，草木一秋”的气质。贵州黔东南的侗族至今仍保持着这样的传统：孩子出生时，父亲会给他种一片树林；孩子长大后，用这些树木为自己的家庭搭建房子，并且再为下一代种树；60岁以后，则用父辈种的树做一口棺木放在干栏式的谷仓之下。生孩子、建房子、做棺木是一个人一生中最重要的三件事。至于所建的房子，其选址与屋主的八字、梁高与屋主的身高都有着密切的关系，仿佛量体裁衣一般。如果屋主勤于洒扫，房屋的门柱可能会产生包浆。如果人丁兴旺，则一个房子也可能衍生为一个寨子。但如果屋主离开或者逝去，则房屋过不多久就会破败、倒塌直至完全降解在大自然之中。房子与主人仿佛都像草木一般，生生世世在自然中进行着精微妙趣的协同循环。

木构是中国人几千年来选择的建筑形式，榫卯是东方文明麾下的一种工艺，组合在一起所表征的人与自然的关系，或许可以用其反观当今世界所追求的可持续发展的新型文明，给当代人以启示。

> 建筑物是希望的标志，是社会未来的信念，是时间中向前看的姿态。
>
> ——阿尔多·罗西

东方绿色观是跨越建筑学本体的存在。其建构的手段是用自然生长、循环的材料在每一代人手里反复营造。中国建筑自古传承的是一种做法，而非一个物理的建筑本身。反观营造所用的物质本体的可持续性，是我们当今社会所缺乏的自律。《道德经》中提到："复守其母，没身不殆。"基于木构的循环营造，约束了建筑空间与时间的边界，树立了良好的建构道德，因此成为超越个体、超越此生的东方绿色观最宏大的表达。

前童木构一层茶室

前童木构一层透视

在此次的木构营造中，我们选用了厂房拆除后废弃的木材。当我看到巨大的木料时，感到了深刻的震撼。那些木头一根一根地累积在一起，仿佛一群无声的老者。它们曾经都是参天大树，后来被伐做了栋梁之材，如今表面已经腐朽变黑。它们是如此地沉默，似乎承载着千年的故事。我一直在思考建筑的道德问题——这么大的木材拿来做那么小的房子，是否真的有必要？这样大的尺寸的木头可说是殿堂级的，但如今我们把它用在了这么小的一个建筑之上。我想这里体现的更多是宣言的性质。在原本的设计中，计划使用54根木头，但当我真实地看到这些木头以后，立刻决定减少底部的12根。刨去沧桑黝黑的表皮后，木芯呈粉色，仿佛焕发了新生，等待着它重返人间的又一个春天……

二、给古镇安一颗年轻的心：木构的现代性表达

> 我们塑造建筑，之后建筑塑造我们的生活。
>
> ——温斯顿·丘吉尔

前童古镇不论是从纵横交错的格局上，还是从斑斓纷繁的砖石的肌理中，都几乎完整地保留着晚清的样式。从那些协调而较讲究的合院中，我们可以阅读到曾经彬彬有礼、有条不紊的小镇生活。偶尔有几幢20世纪80年代的水泥房子，在古镇之中反而显得简陋，难以掩饰地展现着文化断层后的工业化营造的迷茫。当代中国的营造方式仿佛邯郸学步，既回不到来处，也找不到彼方，只能尴尬而无措地伫立于祖辈之中，单薄突兀。

基地位于古镇最主要的南大街中段，人来人往，承前启后，虽然只有巴掌点儿大，却占据着黄金的地理标段。这块地所在的街面是政府统一修复的清代样式的木构，而场地后面则是当地人自己盖的一个砖房。在我们探访期间，木构对面卖茶的年轻夫妻说他们不喜欢古镇，觉得“闷东东”的。这不难理解。作为一个用智能手机、剪了短发、穿着时装的年轻人，生活在一个仿佛人人留着辫子的空间氛围中，怎能不烦恼丛生？所以当我在构思这座新的木建筑时，我思考的是如何为古镇安一颗年轻的心。

我久久地站在道路的转角，产生了一种困惑——在21世纪难得一遇的文明对撞期，我们应该如何继续挥舞木头，继续营造一个既符合当代审美，可容纳现代生活

前童木构南大街透视

前童木构黄昏外景

的空间，又能让这座房子站在老房子旁边而不同样老朽、不显突兀，好似祖孙并肩而立一般呢？

中国传统的审美，以物质“全其天、尽其性”为美，但在现代的工业化生产体系中，为了满足广大人民的需求，我们往往会忽略材料自身的一些特性，而从快速加工工艺的角度考虑如何大量生产。所以此次木构改良，我们考虑从加工的方式上引进西方的技术，争取首先做到加工工艺更新，而非使物质材料本身的特性得到最大的展现。当牺牲了材料本身部分特性的时候，会出现另一种审美体系，即所谓的当代审美。它以抽象简洁的直线条为主体，有别于中国传统古代的那种优美曲线的有机特性，呈现出另一番现代气质。

在本次试验性项目中，我们选用了方柱子、直线条的木构（或许等到下次试验，会逐渐尝试如何让物质本身的特性也得到彰显）。为了加强这种全新的宣言般的式样，围护结构采用了U形玻璃，其纹理与四周竖向门板相同，材质上更为开放清透，浸润了光明而包容的当代精神。结构本身错动的线条构图，与现代艺术思潮密切相关。不对称的平面布局也仿佛为沉闷的礼教吹进了一股新风。

木构在夜晚像一个大灯笼，点亮了古老的街巷，激发了年轻人的朝气。在巨大的形式反差中所产生的张力，让古镇勃发出青春的气息，号召着这里的人们勇敢地走出一条不输古人的、优美的当代之路。气质的传承与形式的创新，或能建立文化的认同感与当代的自信心，我想这就是前童木构期望为古镇注入的力量吧！

三、缝隙空间：天人对话的界面

前童气候温和，极少有大雪压顶、半月难开的状态，四季变化充满着魅力。这得益于江南的气候，以及其上游植被茂密的浙东峡谷与白溪的荫蔽。山上有林，林密而水土固足，于是山泉潺潺，汇小流而成河川，成就了当今为数极少的有优良水系穿越的人居环境。流淌养育了这一方灵秀的人儿。

自古以来，木为水源，水木相生，木构与水有着天生的子母般相互依存、相生相长的关系。在侗族的木屋群中，一个屋子如若着火，其宅基地就变成一个方形的水塘，永不得再建，一来为整个寨子的灭火提供了水源，二来形成了略具仪式感的大地景观。于是，在前童木构最重要的西南间，其上开天井，下设方池，雨从这里进入，溪水从此穿出。这样一来，既能在古镇最重要的街面上为古镇的秀水做一个精美的展示空间，也能通过细细的雨丝，让进出其间的人们感知到一种超越社会关系的、更加伟大的天地自然的连接。

右页：前童木构一层天井

为了加强这种根深源长的农业文明所遗留的连接，我们在木构天井四周条状玻璃围护之间留出一定的间隙，如栅栏一般。亘古而来的风光雨水在宅子里进出变换，与今人的生活日日交织。开门见客，木构是古镇中最清透闪亮之所在；关上门扉，光影明灭，应那句“空山听雨，便是人生如意事”，仿佛山水古画之间的一隅方亭。这个意向，便是我所理解的东方人文所特有的绿色精神，是最为简单而诗意的存在。

四、榫卯再生：文质并美的柔性结构

既然要做建筑，自然免不了要面对把空间支撑起来的结构。而这次的命题是木构，于是我同时想到了榫卯。相比当下普遍流行的钉、栓、胶等刚性连接方式，木构与榫卯形成的柔性连接在我看来是一套非常中国的思维方式，里面有一种和而不同的君子之气，不生硬，不黏着，柔顺谦和，两袖清风，在你进我退之间找到了稳定平衡。这种感觉我很喜欢。于是在设计的一开始，我便给自己定了“无钉无胶”的规矩，尝试用榫卯去解决连接问题。

此次结构设计采用六向偏心的方式。六根木头错动搭在一起偏心传力，所形成的节点像一朵花，实现了力学与美学的高度统一，颇有点斗拱的风范。这让我想起了中国文明对美的一种判断标准：质胜文则野，文胜质则史。文质彬彬，然后君子。

所谓“形美悦目，神美悦心”。当时我对这个错动结构的节点内部的结合方式并未想得太清楚，合伙人说里面可能需要两根销钉，而在已经做出来

的1：10的结构模型上，使用的都是以胶水粘连的方法。这种对待木头的方式让我感到非常不适，好像柔软的木头被粗暴地对待了。这种不适感在那几天不断地扩展，以至我发现身边所有的构筑物的结构几乎都是刚性的：要么被浇筑在一起，要么被拴捆在一起，没有任何一个构建单体是自由的。

而榫卯则让松散自由的构件单体最后紧密稳定地连接在一起，使至柔弱的木性展现出至刚强的力量，向外伸展的梁柱却有着向内收敛的功用。感性经验发展到最终，成了非常缜密的理性科学，“松柔敛缜”成就了一种不同的当代结构体系。科学可以给现象以解释，却无法给呈像以启发。所以，要想传递出中国的神情意趣，似乎可以走一个“松柔敛缜”柔性结构的顺序，仿佛练习内家拳一般。

五、普适的可能：标准化预制与装配

白驹过隙，物换星移。曾被深刻批判的洋务派思想“中学为体，西学为用”，对我们今天的实践又有了积极的指导意义。所谓“适者生存，因为他或而开创了新局，或而更适合新的发展”（李安《十年一觉电影梦》），作为当代青年，我们虽已无法复古，但不能选择遗忘，或者消极应对，而是要主动地拥抱当下的物产与工艺。在我看来，西方科技的进步意义在于其广谱性。伴随着生产力的提升，更多人的物质生活水平有了很大的提高，普通百姓甚至能享受当年贵族也享受不到的便利，如汽车、手机等。科技的进步让人们逐渐摆脱身体的劳苦，从而为我们“所想即所得”的精神自由铺垫了道路。

中国在很早的时候就形成了木结构建筑“标准化”“预制化”“装配式”的概念。这种“类工业化”的建筑方法对汇集工匠经验、加快施工进度、节约建筑成本有显著作用。这与当下建筑业由粗放往精益化发展的方向不谋而合，如BIM（建筑信息模型化）、自动化加工等科技都能够做到无缝衔接。

在这个项目的一开始，我们就采用了计算机三维建模技术。这项技术不但能够非常轻快地拆分节点，明确快速地推敲榫卯，也可以准确地分析传

前童木构二层展厅

前童木构二层结构透视

力，最终严密地建成模型，更可以从透视图中设想阴阳榫卯的平衡关系。模型完成后，我们非常容易地统计出了材料规格与清单，在木材市场的采购变得非常便利，没有一根浪费。

加工榫卯的时候，我们比较了人工与数控加工两种可能，最终发现五轴数控机床加工的时间更短，精确度更高，所以在展期迫近的时刻，我们毫不犹豫地采用了工业化预制技术。加工时，为了避免错误，又设计了一个加工核对表单。这里面有一系列密码般的编号信息，工人加工完一根，就用记号笔在柱子上写上编号，并归类摆放，仿佛古人用毛笔在柱子内侧或房梁上做标记一般。清单全部钩完时，加工的工作就全部完成了。这一系列编号在后期安装时起到了至关重要的作用。在前童木构正式搭建之前，我们只给了工人一张柱网图，并简单交代了一下柱子上编号的信息含义，工人们就非常麻利地把柱子摆好，拿着最古老的木槌，叮叮当当开始搭建了。第一天中午就完成了第一间，没过几天就搭好了屋顶的大梁，简直与古代建房子的风范一模一样。在现场见证了整个建造过程，我发现这种人力与科技的互相渗透关系让人感觉非常奇妙。

尾记

前童木构的实践仅仅是东方传统木构现代性改良探索的第一步，我们还有很长的路要走，还将面对很多问题，譬如，如何构建整个建筑材料的物质循环体系，如何重塑结构集合、空间布局等审美情趣下的当代生活美学，如何将基于当代工艺的预加工、装配式工艺更好地融合到生产之中，使得整体的造价可控，如何更好地应对当代生活舒适性的需求，使其老少咸宜，等等。当这些问题陆续得以解决，东方精神家园所物化的绿色营造或许将在此起步……

（本文图片由作者提供）

卷三　艺术介入乡村

艺术参与乡村文化建设的可能。从艺术家的角度

王美钦

行动中的石节子美术馆

靳勒

艺术参与乡村文化建设的可能

从艺术家的角度

王美钦

本期文章是由一位亲身投入社会参与式艺术活动的艺术家靳勒所撰，讲述了由他发起的一个正在进行中的通过艺术介入乡村生活并带动当地文化建设的项目。有着雕塑艺术训练和创作背景、在甘肃省兰州市西北师范大学任教的靳勒，通过十多年的坚持不懈，带动很多艺术家在他的家乡寻找艺术直接参与社会的可能，并创造新的平台让他的家乡村民也得以尝试在生活与劳作中体验当代艺术。

以《行动中的石节子美术馆》为题，靳勒介绍了在甘肃东南部秦安县的一个贫穷小山村，也就是他出生成长的家乡——石节子村里正在发生的与艺术有关的故事。在这里，他于2008年与当地村民合作成立了石节子美术馆。作为村民与外界的交流平台，该美术馆以收集、研究和展示当地农村生活为宗旨，通过艺术促进当地文化建设和公共空间的丰富。这是一个很独特的美术馆，本身就可以被看作是一个进行中的、由村民和艺术家共同参与的、不断延伸和发展的观念作品。可以说，它把当代艺术挪用现成品的做法发挥到极致，将整个村子设想成为一个开放的没有墙的美术馆，或者说这里的山脉沟堑就是它天然的墙；它没有造起任何新的建筑，而是把村里的每家每户都当作一个现成的分馆。在每个分馆屋内墙上展示的，也大都是当地村民在靳勒的组织下亲身参与的活动图片或来访艺术家的作品，或与来访的艺术界人士交流合作、出外参观并参与展览留下的图片记录。对这些陈列品，村民本身就是最好的讲解员。村子里里外外的公共空间也不断地增加着由来访的艺术家们与村民合作留下的各类雕塑和装置作品。虽然从个体来看，它们大都在这个普通的黄土坡村庄里显得有点突兀，但数量逐渐增多的户外作品又让它们与整个村子相互关联，形成一种有趣的对应与和谐。

石节子美术馆的建立缘起于靳勒对北京艺术圈自2000年以来的喧嚣热闹与他农村家乡的寂静沉闷所形成的极度反差的思考。他开始思索如何能让艺术进入故乡村民的日常生活空间。起初，他拍摄了一些村民生活的片段，也在田间路边做一些雕塑和装置作品；接着，他邀请艺术界人士来村参观并与当地人交流互动，也找机会带领村民到城市去参加艺术活动。他的努力颇有收获，有些村民开始相信“艺术可以为他们的贫困生活带来希望”，他因此在2008年被村民公选为村主任，并得以在村民的支持下成立了石节子美术馆。作为一个自然村的村主任，虽然靳勒并无任何实权和物质回报，但村民们的信任显然极大地鼓励了他，他因而也投入更大的精力到“艺术参与乡村建设”这个事业中来，并充分利用他在艺术界积累起来的人脉和资源，创造各种让村民与从事艺术或文化事业的人士交流和合作的机会。石节子美术馆自成立以来举办了包括电影节、展览、论坛等各种文化艺术活动，让石节子村民与周边村民经常接触到不同于他们日常劳作和生活的世界，并参与到艺术创作、欣赏和展览的过程中来。同时，石节子美术馆也为很多艺术家提供了进入乡村、了解乡村的平台和场合，不但激发了他们参与乡村建设的热情，也鼓励他们思考和创造有社会参与价值的艺术作品。

靳勒在文中还详细介绍了石节子美术馆自成立以来组织的最大型的一次活动“一起飞——石节子村艺术实践”。该活动由艺术家琴嘎、宗宁和靳勒联合发起，共邀请了25位（组）艺术家和25位村民，通过抓阄形成一对一的组合，每组自行协商决定创作的数量、内容和形式。作为美术馆馆长和石节子村东道主，靳勒不但自己参与其中一组，还负责协调其他各组的合作。本着收集、研究和展示当地农村生活的理念，来访艺术家和村民的合作作品大多或就地取材、利用当地资源，或围绕组中的村民成员的实际情况展开。很显然，自2015年开始，这个具有无限可能性，同时也极富挑战性的实践项目，已经为研究艺术如何参与乡村文化建设提供了丰富的案例和经验。艺术家与村民们的合作也创造了各类或供欣赏的作品，比如山上的浮雕、屋顶上的大字，或有实用价值的作品，比如带村民去看病或在村里安装太阳能路灯，等等。正如靳勒在2000年所希望看到的，艺术已经成为很多村民生活的一部分，也直接或间接地帮助改善了整个村子的公共设施，成为促进当地文化建设的一个重要力量。虽然总有意想不到的困难，靳勒还在努力并希望带动更多的人参与到乡村的建设和发展中来。

行动中的石节子美术馆

靳勒

村民何蠢蠢为美术馆题字，2008年4月

关于美术馆

2008年4月13日，石节子美术馆成立。石节子其实是一个村庄，因村边有花岗岩而得名。它位于北纬34° 54′，东经105° 40′，在甘肃省天水市秦安县之北6千米处。其西是流入黄河的渭河支流葫芦河，葫芦河穿流于黑龙洼与唐帽山的峡谷，便是有名的锁子峡；南边是它的支流锁子河，绕唐帽山底而过。该村庄就坐落在唐帽山半山腰的峡谷中，海拔1 300米，属典型的黄土高原梁峁沟壑干旱地区。

石节子美术馆是一个特殊的美术馆，由整个自然村庄的山水、田园、植被、树木、院落、家禽、农具、日用品及村民构成。你看到的、你感受到的都是艺术的一部分，13户村民共60多人呈8层阶梯状分布构成13个分馆。可以说，石节子美术馆是生长在黄土地上的美术馆，是以展示、研究、收藏村民生活与艺术作品为主的村庄综合艺术博物馆。

石节子美术馆每年不定期举办不同类型的艺术活动，石节子村村民与周边村民参与艺术、进入艺术，也分享艺术。村民与艺术家的交流带来了不同凡响的碰撞，给村民创造机会，使他们走出村庄，也让更多人因为艺术的魅力走进村庄、发现村庄。美术馆成立近10年以来，我们举办过电影节，举办过戏剧、环保、当代彩陶、教育论坛，举行过国际新媒体艺术展，也为天水市本地的多名艺术家办过艺术展览。

2015年5月15日，由北京“造空间”负责人、艺术家琴嘎，艺术家宗宁和我发起的“一起飞——石节子村艺术实践”在石节子拉开帷幕。我们邀请了25位（组）艺术家和25位村民，通过抓阄组成艺术家与村民一对一的组合。这之后，艺术家们陆续来到石节子走访各自的合作对象及家庭，了解他们的生活状态，与村民沟通与交流。一些村民开始主动和远道而来的艺术家近距离交谈，和艺术家合作也让他们体会了当艺术家的感觉。2015年至今，艺术家们和村民已经共同完成20余件作品，每件作品的诞生都与众不同。

造空间负责人、艺术家琴嘎为「一起飞」项目抓阄。2015年

李颂华与靳世林合作了“一人半身高的夜晚”。当时，李颂华脱下衣服，扛着近70公斤的靳世林，在子夜时分从靳家出发，沿着蜿蜒山路在黑夜中步行走出石节子村，直至山顶，一起等待黎明来临，欣赏日出。颂华本人患有心脏病，中途停下来一次，吃药并躺在地上休息，可以说他是冒着生命危险和靳世林一起完成他们的观念作品。

吴高钟看见叶调调因疾病而变形扭曲的手指时，想到面对现实时艺术到底有多重这个问题。两人商讨之后，他在北京和石节子村两地之间实施“给叶调调治病”计划，计划持续三年。同时，他也开始在石节子村实施“甘草种植试验”，准备一直持续下去。吴高钟对所有过程中的物进行称重记录，为他们的合作起名为“艺术的重量”。

在与何蠢蠢合作的“寓言”中，毛同强购买保险箱让村民自愿拿回家中，放置他们认为最宝贵的东西，并由何蠢蠢在一年后前往村民家中，从主人打开的保险箱中选取某一物件进行交流，记录双方交谈的过程。

厉槟源与韩调明合作，为村民整合了“广场”，用脚印踩出边界。广场面积是厉槟源北京住所和韩调明家居住面积之和——123平方米。村民把艺术家留下的脚印用红泥挖填完成；厉槟源则把自己多年不离身的音箱留在了村庄，与村民一起载歌载舞。

夏星发现叶玉芳家的水又咸又苦，于是买了把滤水壶，换来叶玉芳的半袋荏（陕甘宁地区特有的一种植物，可榨油，可食用），于是有了作品“交换”。

沈少民转了大半天，感慨大雪纷飞也没有覆盖住石节子的贫瘠，遂与刘西花合作“这不是一个方案”。“这里没有问题，也不需要解决方案。”沈少民在村里和刘西花合影，并邀请刘西花去北京，一起在天安门广场合影。

张兆宏与靳海禄在海禄馆尝试未来24小时接待参观者的家庭旅馆计划——“吃喝拉撒洗澡睡——靳海禄家庭旅馆投资计划”，由张兆宏出资，靳海禄出地。该计划还在持续中。

无人生还小组将孙银银的家庭照片带回北京，整理、制作成相簿后，寄给孙银银。

在刘伟伟与孙连成的“村民会议日”中，刘伟伟邀请来自河北农村、47岁的群众演员杨桂恩在石节子村生活了7天。他在石节子村组织了一次村民大会，会议决定：每年1月3日为石节子村的集体会议日；由孙银银替孙连成和刘伟伟在北京石场完成了一次与石节子村有关的石料活儿，而刘伟伟每年1月3日去石节子村参加村民大会。

胡建强与靳茂林合作完成了“快乐的一天”。胡建强在与靳茂林反复沟通后，决定由胡建强和靳茂林的外孙王彬炜在石节子村先后实施“认识村庄和家园”“快乐阅读”“自由涂鸦”“结识伙伴”“科学探索”“走进博物馆”6项活动，计划已完成。

高峰用石节子黄土坡上的土胎泥塑制成一匹马，并由靳彩琴亲手画出来，起名为“是我的也是你的”。

冯琳和孙应忠两人经过10个月的微信沟通后，最终互赠对方一首歌，完成“冯琳和孙应忠”。

在琴嘎与李保元合作的“我们都是艺术家”系列作品中，琴嘎和村民深入交流后，协助李保元、靳喜军、胡文杰使用当地材料进行艺术创作。在这个过程中，艺术家与村民的身份彻底模糊。他们已经完成了作品《我们都是艺术家——蓝屋顶》《我们都是艺术家——一次意外的旅行》《我们都是艺术家——公民之路》，他们之间的合作计划持续5年。

梁硕和王娇女的“小生意”中，梁硕把作品《小丫》的制作方法教给王娇女一家，并授权他们制作、开发，梁硕作为质量顾问收取利润的20%。梁硕回京后制作了一本民间艺术图谱，供村民开发艺术产品使用。

闫冰和靳同生的“村庄画展”。2016年3月11日起，闫冰在石节子村生活一个月，跟靳同生聊天，并在与老人沟通交流后画出一批画，在村里田间举办了一个画展，并邀请村民观看。他们是这次展览仅有的观众。

成林和杨菊秀的作品“杨阿姨画屋”，是以杨菊秀家为基地进行的一系列艺术活动，这个集观念、行为、绘画、手工等为一体的项目计划一直进行下去。

旦儿与高永贵的“石节子村”。2016年4月5日，旦儿根据高永贵对石节子村范围的描述，在李保元的帮助和高永贵的指引下，用红土画出了石节子地界。

葛非、林缜和靳喜林的“英斯特”（即Instagram）。葛非、林缜为靳喜林购买了一部华为手机，为靳喜林申请了英斯特，以便可以在互联网上交流。

葛磊与雒反儿的“路灯”。葛磊在雒反儿家门口和石节子广场竖立起5盏太阳能路灯。秦安县领导看到路灯后，为石节子划拨了10万元太阳能路灯安装款。

王庆松和靳女女的“一公斤花椒”项目于2016年5月1日开始实施。

包晓伟和李元生的“茅屋为秋风所破歌”。包晓伟利用光照贴字技术，在李元生家的苹果树上贴上了杜甫的这首诗。2016年8月15日开始实施，11月结束。

2017年5月3日，王度、琴嘎、张晋来石节子，确定了孙尕成与王度、隋建国与孙五成这两组村民与艺术家的合作关系。

艺术家隋建国与孙五成合作的“七天”。隋建国在石节子美术馆五成馆（即孙五成家）中生活一周，作为五成馆展出的一件行为艺术作品。

在靳勒与王姣莲的“姣泥”中，二人共同开发制作和包装销售石节子村泥土“姣泥”，该产品可用于制作陶瓷、雕塑。此计划将一直持续下去。

虽然原先计划是一年，但“一起飞”项目实际已经执行两年多了。大部分村民与艺术家之间的合作已经完成，但还有一部分艺术家和村民在持续他们的合作计划。

“一起飞”项目是一个没有先例可供参考的、脱离通常的艺术创作及展览模式的艺术实践，是在尝试一种新的艺术项目的行动，这不仅给缺乏艺术基础的村民带来考验，也给参与的艺术家带来不少困惑与不小的难度。面

由国家艺术基金资助，西安美院王志刚策划的『乡村密码——中国·石节子公共艺术创作营』。2017年

对这样的状况，村民与艺术家或顺利或艰难的合作都可以被看作是齐心协力投入到富有挑战性的现实生活与艺术活动中来的有益探索。

2015年9月，西安美术学院雕塑系公共艺术专业的13位同学在郭继锋和李建平老师的带领下来到石节子授课创作。这是他们第一次把公共艺术课程从学校放到一个小山村，让大学生走进乡村、考察农村、了解村民，用艺术的方式思考和研究农村的问题，创作出与村庄和村民有关的作品。他们的实践拓展了艺术院校公共艺术课程的发展空间，把农村的公共性与艺术放到课堂来研究，是对艺术院校公共艺术课程新的尝试。

2016年5月，王志刚策划的“石节子公共艺术展”在西安美术学院举行，来自石节子村的靳海禄、孙小平、靳勒、李保元、胡建强、孙应忠共6人由西安美术学院特邀参加了展览和研讨会。2017年初，由王志刚担任策展人，由石节子与西安美术学院合作的“乡村密码——中国·石节子公共艺术创作营”申请的国家艺术基金项目获得审批通过。该项目邀请了中央美术学院、中国美术学院等14所美术院校的22位同学来石节子现场进行创作。同学们与村民同吃同住15天，利用村庄的材料创作作品，是一次全国美术院校大学生参与公共艺术创作实践的活动。该活动组织美术学院的学生深入农村，以艺术的形式参与乡村文化建设，将艺术融入生活，关注“村庄”，了解“村民”，从而引发他们对中国农村未来的思考，并在石节子创作出21件作品。该项目同时邀请了41位来自全国各地的雕塑家，在石节子举行了“乡村公共艺术研讨会”。2017年7月16日，“乡村密码·石节子村公共艺术创作营文献展”在西安当代美术馆开幕。为纪念年初去世的靳女女——他在过去10年对石节子美术馆充满热爱——专门在展厅布置了“女女馆”。他留给我们的“艺术重要，雨水更重要”的话语，时时提醒我们要热爱生活，关注艺术。除了相关艺术家外，展览也邀请来自石节子的高永贵、李保元、孙应忠、韩调明、靳玲荣和冯志祥参加了开幕式和研讨会。

以艺术的名义，村民们多了走出大山、走出石节子的机会。靳女女、靳茂林、李保元、孙宝林去了北京和德国，孙尕成、叶根成、李元生、靳玲珍、靳林荣、靳喜林、孙晓东、李亚莉到北京798参加了艺术展览，以及前文提到的到西安参与展览和研讨会的6人。通过艺术活动，村民有50多人次去过北京、上海、西安、兰州，几乎每一家每一户都有人亲身体验过大都市的热闹。

自从艺术进入了村庄，艺术和村民发生了关系，村民对生活的信心加强了，不再嫌弃他们的小村子。当他们在电视、报纸、微信上看到自己时，他们是高兴、自豪的。2016年年底，参与“一起飞”实践的艺术家琴嘎邀请他的合作者李保元参加了北京民生美术馆“后感性：恐惧与意志”展览，李保元在开幕式上说道：“艺术给了我自信，给了我自尊；有了艺术，我才能站在这里。”

这10年来，艺术实际上并没有给石节子的个体村民家庭带来太多物质上的变化，只是当地的乡领导及县领导来石节子的次数多了起来。80多岁的靳海禄说：“在以前，大队的领导一年很难来两回，更不要说是县长来了！”而现在慕名而来的人越来越多，村里的公共设施也因此得到了改善，比如村里的路修了，路灯拉上了，自来水有了，互联网也通了。2017年，秦安县县长在为推销当地特产如蜜桃、苹果和本地人文景区而举办的“桃花会”上鼓励了石节子村，也有其他领导建议把石节子村打造成秦安县的一个旅游景点。

关于自己

我在20世纪60年代出生于石节子村，70年代在离家5里路的邻村穆家山的新联小学念书，后被推荐到秦安三中念初中，并在秦安二中高中毕业。凭借好运气，我于1986年考上了西安美术学院雕塑系。上学的时候，罗丹、亨利·摩尔、贾科梅蒂等艺术家对我的影响很大，但我们的学习还是以写实为主。我也知道博伊斯和杜尚，但老师会告诉我们那不是好的艺术，而是西方资本主义堕落、颓废的艺术。我相信老师，当时我的所有与艺术相关的知识基本上都来自老师，所了解的当代艺术仍限于现代教育体系所界定的范围。毕业之后，我被分配到位于甘肃兰州的西北师范大学，也做了一名老师。那个年代，大家通常认为雕塑系的学生毕业以后就只能成为雕塑家，所以我也以自己在大学教育背景下获得的基础知识和创作模式进行创作，以一个雕塑家的身份去参加一些全国美展、省美展，还获过奖。

1998年，我到中央美院上了两年同等学历的研修班，这是我艺术生涯的转折点。我跟随隋建国老师学习，开阔了视野，对艺术有了重新的认知，一下子把以前的创作模式推翻了：艺术的方式可以是多元的。革命的、浪漫的、现实主义的创作方式只是其中之一。思维的变化决定了我之后创作方法和形式的变化，我从材料入手创作出了一系列与自己有关的作品：《电子鱼》《虫人》《鼠人》《壁虎人》等，还在中央美院通道画廊举办了第一次个人展览。从这次经历中，我受到了很大的鼓励。1999年，我参加了在何香凝美术馆举办的“第二届当代雕塑艺术年度展”，以及在上海的“不合作方式”等多次展览。2000年之后，我回到石节子老家，发现从北京到兰州，从兰州到石节子，艺术在北京的热闹和石节子没有艺术的安静，就像两个互不相关的世界。那时候我就开始琢磨，能不能让艺术跟这个村子发生一种关系？但还不知道具体如何做，毕竟生活是重要的，我还得养家糊口，为生活奔波，也没有精力投入更多的时间到石节子来。

2001年，我用数码摄像机拍摄了村民生活的一些影像资料，剪辑了两件作品《送纸》和《下方》。2005年，我在村里做了“贴金”系列，把金箔贴到父亲栽种30多年的李子树上，贴到父母居住了几十年的房间的炕门洞、窗户边和推耙上面。2006年，我在网上看到艾未未要找1 001个中国人去卡塞尔参加卡塞尔文献展，我便报了名，领了4个村民一起去卡塞尔，那

《贴金——李子树》。父亲栽种的、生长了三十多年的李子树，在开花的季节被我贴上了金箔。2005年

时候想的是让村民有机会能够到国外看看。2008年元月，我邀请赵半狄和他的熊猫艺术团来到了石节子，在村里跟村民们一起做了一场春节联欢晚会。村民们坐在我父亲的院子里，在零下17℃的低温下看完了这个专门为村民准备的、村民与熊猫艺术团共同演出的独特的春节晚会。

通过这两件事，村民们觉得我还是他们中的一分子，他们也感受到艺术有意思，至少艺术能够关注到他们的存在，可以让他们免费出国旅游，可以让他们的小孩在过年时领到红包并吃上艺术家赠的猪肉。那一年年初，他们发自内心地选了我当村主任，希望我为村里多做点事情。我无法推辞，再说我也愿意为村里做点事情。我能够做什么，又该怎么样去做？最后，石节子美术馆的想法出来了。

能不能让整个村庄成为一个美术馆？它既是一个活生生的村庄，因为有人在这里面生活；它又可以是一个美术馆，如果我们组织一些与在此时此地生活的人有关的艺术活动，让艺术家面对这个生活环境，让艺术直接进入

2009年6月，为了纪念村庄活着的和离世的所有母亲，制作设计了雕塑《村庄母亲》，安装在村里

村民的生活当中，也许可以通过艺术的方式使村民有一些变化。这些想法成了石节子美术馆的核心——村庄、村民、艺术。我们的活动和展览都是跟村民有关的，我们也不限定美术馆的内容范围，只要跟艺术有关，哪怕是戏剧的、电影的、影像的，都可以尝试去做。这就成为石节子美术馆的一个独特之处：任何一个艺术家都可以来，只要能为村民带来益处的想法都可以在这里尝试。我们的设想是把这个美术馆建设成为一个开放的、与村民有关的艺术交流平台！

关于困惑

做什么事都有烦恼，建设石节子美术馆也不例外。这10年来，这个常住人口不到60人的小山村出名了，从县电视台到天水电视台到甘肃卫视，从中央电视台到德国电视台，从地方报纸到带有“中国”字样的报纸，从网络到自媒体，从参与“一起飞”的艺术家到策划“乡村密码”的艺术院校……都在关注着这个西北边远的小山村。石节子村出名了，一些企业也看到了商机，它们把石节子对面的山沟推平，把从2000年国家退耕还林后生长了十几年的树林也推了，在几十亩地上建起了塑料泡沫厂。每天，白烟滚滚，一片新景象。一部分村民担心污染的发生，可也没办法解决，因为那是邻村的地；也有一两户村民心中高兴，幻想着去对面打工，但一年多了，工厂并未来石节子招工。泡沫厂的旁边就是归属于石节子村的几亩地，部分村民偷偷地以每亩几百元一年的价格租给

石节子村民一起制作的装置作品《基因棒》在2015年参加了银川当代美术馆开馆展

由美国冯乐然策划的『绿心——国际戏剧、环保、教育论坛』。2012年

了泡沫厂，结果该厂在未征得全体村民同意的情况下，把地也推平了。我虽尽力劝说，还是无法改变一部分村民的决定，我觉得自己不能挡村民的财路，也只好接受他们因征地建厂而每年拿到一两百元补偿的现实。

中国每天都有村庄在消失，农耕人口也在不断减少。石节子也不例外。这里的人口在减少，出生率降低，住在村里的大部分是老人。他们连吃饭、照顾自己都有问题，面对短期利益的诱惑时，又要他们怎么自处？我希望能尽量使村民免于受到欺骗。目前，我们正在组织村民成立合作社，建立互助组。但我一个人的能力毕竟有限，希望有更多的人一起参与到村庄的建设和发展中来，创造美好的生活！

卷四　品书

中村好文教你如何造房子

任知

中村好文教你如何造房子

任知

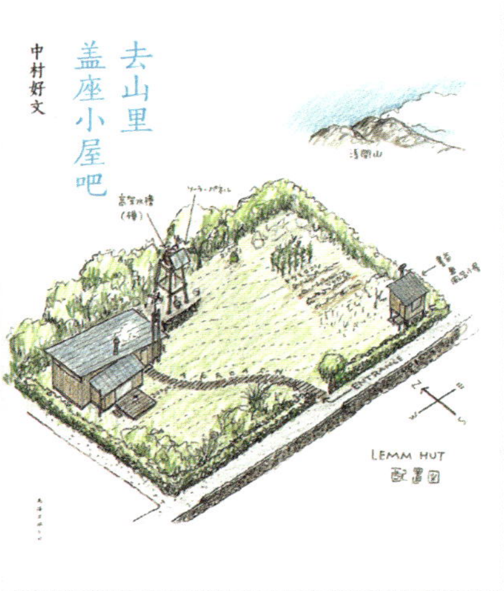

《去山里盖座小屋吧》
作者：（日）中村好文
译者：陈文娟
出版社：南海出版公司
（本文图片由新经典文化提供）

会讲故事的建筑师

中村好文是位知名建筑师，现任日本大学生产工学部居住空间设计课程教授。他酷爱旅行，环游世界各地，寻觅美丽的建筑；他擅长做料理，算得上美食家，每天和同事抽签决定早餐的“工作任务”，有时担任采购，有时负责烹饪，并且和事务所的人一起用早餐。他被称作“全日本最会享受工作的人”，还有人评价他是“建筑家中最懂生活的人，生活中最懂建筑的人”。而他写的建筑散文轻妙洒脱，配上美轮美奂的实拍图景和一些信手画来的素描，颇受读者欢迎。

日本还有一位松浦弥太郎，也被人评价为“最懂生活的男人”。这就使我不由得将他们联系在一起。仔细想来，两人的确有不少相同之处，比如多才多艺，注重生活品质，充满人文情怀，还都做着充满创造力的工作；

他们都有着日本人严谨缜密的特质，同时不乏细腻妥帖的温暖关照；再有，两人的著作传递了丰富的见解及鲜活有趣的生活方式，都在中国受到欢迎。

生于日本千叶县、毕业于武藏野美术大学建筑系的中村好文，自学生时代起就立志做住宅和家具设计这类工作。进入社会后，他先在吉村顺三设计事务所工作四年，随后设立レミングハウス（旅鼠之家）事务所。1987年，他以“三谷先生的家”获得第一届吉冈奖，1993年再以“一系列的住宅作品”获得第十八届吉田五十八奖特别奖。自创业以来，他已设计过百间以上的住宅，名作家村上春树、歌手一青窈，以及5岁小童（他曾为一位北海道的小朋友亲手做了一间树屋）都是他的客户。

他的设计风格可以概括为简约、精巧、独具匠心而不事张扬，且透着浓浓的人情味。他设计的村上书房有宽大的沙发、一架子唱片，其独到之处在于，工作的区域和休息的区域可以在同一个空间里迅速切换。作家在桌上辛勤写作时，转首便能望见远处的青山；休息时，也可以舒服地躺在沙发上听自己喜欢的音乐。他为伊丹十三（著名电影导演）设计的纪念馆，外部由杉木板建造而成，箱形结构在朴素中自有深沉之美；回廊与中庭的运用不仅使采光通透，也保证了自然通风的顺畅。他为知弘绘本馆设计的儿童椅被放在娱乐区，其采用整块木板制作，且可以按照椅面纹路准确拼合，孩子们玩耍时可以将椅子打乱，但结束时则须试着将椅子按正确顺序归位，起到寓教于乐的作用。

如今，步入中年的他为自己建造了树上小木屋，虽然它不到7平方米，但别有洞天。在里面，他可以读书、喝啤酒，享受独处的时光——与梭罗的林间小屋异曲同工。梭罗独居瓦尔登湖畔，亲身耕耘，过着自给自足的生活，他的木屋随时敞开，路过的农夫、猎人和动物都可以进去。梭罗的生活方式是一场试验，他想借此证明物质生活究竟可以简化到何种程度，并将腾出的时间用于亲近自然、品味内心。这种能满足精神需求的房子，在中村看来，是完美的居所。

中村好文一直沉溺于对“家”这个概念的探求。他四处参观其他建筑师设计的住宅，造访顶级建筑师的家，以独特视角去发现精巧设计中的那些小细节，与建筑师们发掘那些关于建筑和生活的态度。

读中村好文的建筑散文，不单是看行家里手的解读，更让人亲近的是他风趣幽默的笔触。他是个善于讲故事的人。在《盖房记》中，他写为建筑史学家柏木博设计建造房子，事无巨细都要考虑， 像房屋的地基，厨房下水管道的设置，污水要流入哪一个排水箱，墙壁需要竖多少根钢筋，壁橱的哪个抽屉用来放要送洗的衬衫，火炉燃烧不旺如何调整……诸如此类，必须精准到位。房子完成时，他想到小津安二郎映画《晚春》的结尾镜头：笠原众饰演的父亲对着即将出嫁的女儿原节子喃喃自语，“你一定会幸福的 ”。把房子交付给顾客时，中村好文觉得就像是一位父亲将长时间养育的女儿嫁出去的心情。如此比喻别致生动，对他内心的失落不加掩饰。

《走进世界最美的家》首篇走访了安藤忠雄设计的“住吉的长屋”。这是一座颇具争议的著名建筑，其中与外界相通的中庭受到最大质疑，因为下雨天去厨房也要打着伞，感觉并不方便。中村好文幽默地叙述主人最初居住的情景，让人读来有些搞笑：

> 这个家到了冬天就像冰窖一样冷入骨髓，可是夏天又比冬天更难熬。有次到了晚上，实在酷热难耐，佐二郎夫妇想“或许房顶有风，能稍微好过一点”，便上了房顶。没想到房顶铺的楼板晒了一天，晚上正像地暖一样散发着热气，根本不是能睡觉的地方。夫妇二人像“热铁皮屋顶上的猫”一样狼狈地下了房顶，但实在不想回到桑拿房一样的室内，最后便在中庭的架空走廊上，像两节手电筒里的电池一样前后躺着睡了一觉。

房子竣工后，佐二郎先生的母亲来新家，到了才发现这房子像个“水泥箱子”。 她从餐厅经中庭回到起居室时，“嘭”的一声，脑袋撞上了眼前巨大的落地窗。待她喘过一口气来，忧心忡忡忍不住问了一句："这房子……什么时候盖好啊？"这似乎是一栋还未完成的建筑。还有位日本建筑界的大腕，为了日本建筑学会奖的审查工作来看这栋房子，连他也不觉得这里像是住宅。有人问他怎么看待这个"家"，他一时语塞，最后说了句"这家的茶很好喝啊"，搪塞过去。

但这栋房子随处可看到佐二郎夫妇独具匠心的生活智慧和窍门。其墙壁和天花板的交界并不呈直角，而是加上了一个呈45度角的斜面（建筑术语叫"加腋"，有加固整体结构的作用）。他们利用这个斜面挂上了钟表，坐在椅子上一抬头就可以看到。玄关右手边有处狭窄的墙面，他们镶上镜子，出门时借自然光就可以整理仪表。这是一栋删繁就简、展现出住宅原始形态的作品，建造时有着难以想象的困难，也有着无法言表的愉悦。由于佐二郎夫妇对设计师安藤忠雄充满信任和敬意，他们靠着包容力和忍耐力，积极乐观地面对房子先天的不足，如今其建筑学意义上的平面规划和空间结构已不重要，这栋房子就像一匹被驯服的烈马，经过夫妇俩经年累月的爱惜与养护，终于成长为理想的"家"。

住宅是生活的容器。居住其间的人能够自然、畅快淋漓地生活，其乐融融的点滴积累是至关重要的。对于住户而言，住宅的每一处细节都像自己身体的一部分那样重要。人与建筑要互相尊重、包容、和谐相处，才能营造温馨和谐的家居环境。也就是说，住宅与住者的磨合，最后得到的是身体的舒适和精神的愉悦，好的建筑也因为居住者的接纳与交流而变得更加美丽。

家宅的内涵和本质

相较于安藤忠雄的极简冷冽、伊东丰雄的抽象奇思，中村好文的设计显得质朴自在。在他眼里，住宅不单是身体的容器，更是抚慰人心之居所，普通而恰到好处，才是"好宅"。在杜绝污染和能源空间趋紧的今天，这位专注于民宅的建筑师走出了一条实用、舒适与美感相结合的道路。

中村好文曾搞笑地叙述自己工作时的情形："我用磁石确认方位；观察太阳升起与落山的位置，确定日照情况；察看冬至时分周围住宅的日照情况；预测风的通路；预估建成后的新宅要占多大地方；使用360度全景立体相机拍摄连续照片；实际测量水电设备的位置；像一条狗一样蹲在空地一角不断挖土，以确认地界位。在外人看来，这都是一些莫名其妙的举动。回去的时候，还边走边察看周围的环境、情形，仿佛偷窥癖一样，实在可疑……”从这段叙述中可以看出，他是个温暖、严谨、有情趣的建筑师，同时也可想象他眉头紧锁酝酿构思时的认真模样。

“寝食之处即居住之处”，他认为“家”要有一股亲切的烟火气。厨房不必过于整洁如新、过度井然有序，厨具等摆在明处，稍微凌乱也无所谓。在家里的某处做些有趣的设计，留有游戏的空间，如同风趣幽默的谈话滋润着日常生活，心情愉快了，自然感到安宁。要给孩子玩乐的地方，绝不能将成年人住所的功能性强加在孩子身上。设计师这时要变成小孩，设身处地地建造出儿童的理想乐园。中村曾经为他的两个小女儿在院子里设计了游戏小屋，其外观是狗屋的样式，但面积大了几倍；小屋有马戏团帐篷似的尖顶，墙上开小窗，女儿们有时从那里向父母打招呼；屋内堆放着玩具和绘本，孩子们很喜欢在里面嬉戏。

知名摄影师雨宫秀也以拍摄手作器物、住宅为主，他的妻子雨宫由佳是备受女性喜爱的花艺师，她的《日日花》一书热销一时，学员遍及全日本。中村好文与雨宫秀也合作十几年，责无旁贷地成为雨宫夫妇木屋的设计师。建筑选址在东京麻布市的古朴山林间，骑自行车到新宿不到40分钟。这座木屋名为“甜蜜屋”，上下两层，一共只74平方米。一楼是客厅兼工作室、厨房、卫生间，二楼是卧室兼书房、储藏室。中村根据夫妇两人的职业特点为其量身定制。一楼朝南的空间采光好，通透明亮，是客厅兼公用工作室。雨宫先生拍摄时，会收走所有的家具，只剩一面白墙当背景；雨宫夫人给学生上花艺课时，一般会摆一张桌子，所有的人席地而坐。从玄关进入，有一条长长的走廊，东西两侧打通，整个空间循环通风，足够阴凉，正好可以安放食材、花材。中村先生还分别为两人在一层和二层各设了书房，妻子写作绘画，丈夫处理照片，两人虽做着不同的工作，却可以共享时间，天井式的设计使得妻子可以听到楼下传来的鼠标点击屏幕和相机的咔嚓声，丈夫也可以听到楼上传来的翻书和刷刷的手写声。

雨宫夫妇原本也会争吵，后来两人每天做什么都要商量安排，经常保持沟通的状态，日子就变得融洽起来。如今，雨宫夫人每隔一段时间就在室外给丈夫理发，两人一起种菜、摘花、干农活，彼此相依为命。雨宫先生拍摄妻子的花艺作品时，也从不去干涉她的创作，两人一起工作时配合默契。

夫妻俩都是美食、美酒、美器爱好者。在中村好文设计的厨房里，碗柜中摆放着收集自各地的手作器物，灶台面板是轮岛的漆器师赤木明登送的。妻子负责搭配每日不同的料理，丈夫每天负责用柴火烧水。炉子是砖砌的，浴槽是铁制的，丈夫一边烧火一边看书，沉浸在故事里；妻子在做料理，通过厨房墙上的小窗，给他递壶小酒，送盘下酒菜，像是在给小猫喂食，甚是有趣。

“旅鼠小屋”是怎么建成的

作为建筑师，中村好文不仅为客户设计住宅，自己也身体力行造房子。建造自家的小屋是中村好文长久的梦想，墨西哥尤卡坦半岛玛雅人的生活方式令他心动——土墙围成椭圆形小屋，再盖上稻秸屋顶，屋前屋后种着合欢树，远处有风车悠悠转动；男女在田间劳作，孩子在旁边帮忙，一幅其乐融融的美景。经过十

玛雅民居手绘图

多年的酝酿，中村终于找到一块合适的土地。在拜访好友村上富朗时，他发现一座古旧的小屋。小屋位于浅间山山麓，面朝视野开阔的佐久平，对面矗立着八岳山，景色无可挑剔，让他怦然心动。

他认为“建筑的初心”就是建造玛雅民居那样返璞归真的“劳动者的建筑”，在充满巧思的小屋中探究生活的本质和潜藏其中的充满智慧的居住方式。投入自然的怀抱，建造环保型住宅，是他主要考虑的内容。他利用

小屋改造前

改造后的小屋

雨水、风力、太阳能等大自然的馈赠，亲身实践着自给自足的田园生活。

这栋“LEMM HUT”（旅鼠小屋）是中村夫妇和事务所员工及朋友利用周末和假日时光一砖一瓦亲手打造的。他们给外墙铺木板、刷油漆，并扩建了土间，作为住宅的厨房、盥洗室、厕所、储藏室以及放置太阳能发电机的服务空间。水由从屋顶收集到的雨水净化而来，根据需求输送到厕所、洗脸台和厨房；太阳能电池板放在高架木箱上面，防止过度曝晒，滋生藻类和蚊虫；电能由风力发电和太阳能发电供应，节约使用的话，基本能满足生活需求。

小屋一些细微的不方便和不自由，会唤醒潜藏在人们身上的生活智慧，成为激发创造与巧思的动力。区区14坪（约46.2平方米）的屋子里，中村设计了各种低技术装置，例如一体式横条拉窗、带平衡器的上下拉门、移动式电灯。经过考量，他选择了以木炭为燃料的陶炉和厨房暖炉，浴室采用烧柴火的左右卫门式浴缸，厕所设置了简易冲水装置（掏取式）。

房子是与亲友一起建造的，邀请亲友分享珍贵的居住体验也是生活重要的一环，这

左：能源塔
右：集水器

左：陶炉和炭火
右：澡盆

样大家会不知不觉成为勇敢的劳动者。人们来了，进行大扫除，检查高架水箱，一起生炭火，准备食材做饭。小屋的院落约有200坪（约660平方米）土地，大有文章可作。亲友们耕地、施肥，种了一些不用长期看护且不费精力的农作物，像玉米、土豆等。有一年，妻子和友人为了做蓝染，还种了蓝草。

作家檀一雄的旅行方式给了中村不少启示。檀氏喜欢找个地方小住一阵，到哪都带上小砧板、菜刀和燃气炉。他在当地市场选择食材，不断尝试做出当地吃到的料理，这都是为了满足自己的口舌之欲。中村从檀氏身上学会了因陋就简、就地取材，如改造房子所用的工具和木材都是工匠好友村

左：制作里脊火腿
右：香草大丰收

上富朗的；他们一起做了不少手工活，譬如给厨房做了一个可移动的操作台，给洗脸台做了一面镜子、一个洗漱架。

这间位于长野县御代田町的“旅鼠小屋”，吸引人的不是建筑物本身，而是在这里居住和生活的故事。用自己的方式实现并享受吃和睡等最基本的生活行为，自有其妙趣。在院落的东南角有个简陋的场所，号称澡堂小屋，这里由更衣室、浴室和锅炉房构成，也是中村好文的书房和卧室。在这片“起来半叠，睡下一叠”的狭小“自留地”里，他有时忙个不停，有时也会在宁静的午后关在这里读书、休息。这里是中村认为最舒心惬意的地方，他在这里做了坑式被炉的座位，在书桌前开了一间可以眺望佐久平

夜色中的小屋

和八岳山的小窗。对他而言，进入这间小屋，就犹如小动物回到自己的巢穴，那种激动的心情溢于言表。

看建筑、做建筑、写建筑，是中村好文的主要生活。他曾说，建造一个家，最令人愉快的是与住在那个家里的人心意相通的一瞬间。能够享受居住的欢愉，才是“家”的内涵和本质。所谓舒适的空间，就是能让自己感觉自然，能够怡然自得，精神得到放松的地方。他个人特别强调“余裕”——潇洒的处世态度。即使是工作，也是一边哼着曲儿一边进行才好。漫不经心地边玩乐边干活，效率更高。生活须讲究细节内涵，精神趋于圆满，内心才能真正地高雅平静，自性自如。

卷五 读影

是枝裕和的「家族」映画。上

「民间记忆计划」影像笔记。一

任知

吴文光

是枝裕和的「家族」映画。上

任知

7次征战戛纳，终于捧回金棕榈大奖

2018年的5月19日，在第71届戛纳国际电影节上，导演是枝裕和以新片《小偷家族》摘取电影节最高奖——金棕榈奖。1997年，导演今村昌平凭借《鳗鱼》获此殊荣。是枝导演专注平凡人物，善于通过家庭亲族关系映射社会问题。他不做评判，唯有细节细腻呈现，给观众思考的时间与空间，让每一个观者看后都有自己对生命的体悟，去体味影像背后的深情。

是枝裕和的成功引起了日本官方的注意，文部科学省大臣林芳正对他表示祝贺。对此，是枝导演在博客上回应：当今社会正渐渐被收进掌权者们的“宏大叙事”之中。作为一个电影导演可以做的事情就是与这种“宏大叙事”进行对抗，并持续不断地创作出与“宏大叙事”相对的、多种多样的“微小故事”，而这样做的结果也将令文化变得更加丰富多彩。他“将与公权力保持距离”。

是枝裕和共有7次戛纳之旅——《距离》（2001）入围主竞赛；《无人知晓》（2004）入围主竞赛单元，柳乐优弥获最佳男演员；《空气人偶》（2009）入围“一种关注”单元；《如父如子》（2013）入围主竞赛单元，荣获第65届电影节评委会奖及“天主教人道精神奖”；《海街日记》（2015）入围主竞赛单元；《比海更深》（2016）入围“一种关注”单元；《小偷家族》（2018）入围主竞赛，获金棕榈奖。

是枝裕和的电影起点很高，其处女作《幻之光》（1995）以镜头呈现生命之绚烂、死亡之静美，自然、深情，令人击节，获得威尼斯国际电影节金奥塞拉奖（最佳摄影奖）。电影的第一个镜头，令人恍然如梦——由美子的祖母虽步履蹒跚，却带有一股追逐般的兴奋。年幼的由美子在大桥上追上祖母，双手拉着不放。祖母轻拍着她的小手，说自己要死在四国老家，于是转身而去。她看着老人微驼的背影消失在视线之外。这是她和祖母的最后一面。此后，她总自责为何当时没能留住祖母，并将这段记忆烙在心里。经事多年，由美子（江角真纪子饰）与青梅竹马的郁男（浅野忠信饰）在大阪建立家庭，并有了可爱的儿子勇一，两人过着相濡以沫的生活。但某日，在没有任何征兆的情况下，郁男莫名地选择自杀，走向奔驰而来的火车。由美子因此郁结于心，找不到缘由和根据。

这部影片改编自著名作家宫本辉[1]的同名短篇告白体小说，原作的基调本身就是灰暗、晦涩的。时代背景尽管是20世纪五六十年代经济高速发展的日本，女主人公由美子和丈夫郁男却生活在连阳光都照耀不到的大阪贫民街。郁男不明所以的离世，令由美子久久难以释怀。五年后，她背负着死亡的阴影，远走他乡，带着儿子再嫁到能登半岛荒僻的渔村。新的家庭祥和，丈夫民雄（内藤刚志饰）待她宽厚，继女友子乖巧可爱，但安宁的生活依然平息不了她内心的张皇和不安。有一天，由美子熟识的老渔妇富野为她捕蟹而出海，突然海上狂风大作，亲人离去的痛苦和内咎感再次袭来。尽管后来渔妇平安归来，她却无法抑制内心的悲凉而出走。

导演是枝裕和独特凝重的影像与音乐人陈明章低沉冷冽的配乐完美结合，展现出浮生若梦的情境。结尾处，能登海岸在夕暮中渐渐暗沉，憔悴的由美子一袭黑衣，空中传来一阵隐约的铃声，雪花窸窣地落下，一队送葬的行列在田野间缓缓前行。由美子不自觉地尾随其后，来到海边的焚尸场。从远处眺望，铅灰色的天空依旧迷蒙得叫人不忍；长长的送葬行列夹在苍茫的海天间，犹如缓缓移动的黑点。意大利的一家报纸形容是枝裕和“比

1 宫本辉，追手门学院大学文学部毕业。初就职于广告公司，1978年以处女作《泥河》获太宰治奖，隔年以《萤川》获芥川奖，同年8月在《新潮》发表《幻之光》。随即罹患肺结核，辗转疗养一年余。病情痊愈后，陆续以《优骏》获得吉川英治文学奖、JRA赏马事文化奖。1992年制片人合津直枝拜访宫本辉，提出改编他的《幻之光》，宫本表示质疑，最后被合津诚意说服。合津和是枝选用时装名模江角真纪子作为女主角，她演活了由美子。《幻之光》在日本和国外多次获奖。宫本辉看完非常满意，并赞誉：小说所不能做到的，在影片却完成了。

安东尼奥尼还要安东尼奥尼”。在我看来，用远景拍摄的昏暗的能登海面的长镜头画面，以及女主人公扑朔迷离的内心旁白，从电影语境来说，更像是希腊著名导演西奥·安哲罗普洛斯惯用的手法。导演利用光影造型手段，忠实体现原作所描绘的意境，并依赖自然风物，试图展现幽玄神秘的东方情调，给观众留下无限思索空间。

丈夫民雄找寻而来，由美子说出自己对郁男之死的不解和苦楚，他为何自杀，为何奔向火车不辞而别。民雄跟她说，大海深处有一种幻之光，闪烁着炫目而迷人的光芒，诱使人忘却一切投奔其中。他父亲独自出海遇到过，这种光仿佛在召唤他，其实谁都会遇到这种灵幻时刻。

为了衬托出幻之光的存在，海天、四季、屋宇、室内，都深沁于积郁的暗部。非自然光的使用，使得那种神秘的景象具有迷幻的魅力，从而表现出对生离死别的觉悟和释然。瞬间，时光轮转又一春，海水和港湾都沉浸在美好的静籁之中，民雄和女儿友子一起教勇一骑单车，耳畔传来其乐融融的嬉闹声和清脆的铃声。

不少作家和导演都会悔其少作，是枝裕和也不例外。他不愿承认《幻之光》是自己的处女作，说它太像热爱电影的学生的毕业论文，因为此片有太多前人大师的影子。首先是对他耳提面命过的侯孝贤。侯孝贤是他钦慕的导演，也是在他的建议下，是枝才将影片投往威尼斯国际电影节，惊喜地收到了入围主竞赛单元的机会。其他如西奥·安哲罗普洛斯（《永恒和一日》《雾中风景》）、维克多·埃里斯（《蜂巢幽灵》《南方》）等欧洲导演的风格都在片中有迹可循。成濑巳喜男、小津安二郎等日本导演的家庭哲学不自觉地在是枝映画中得到传承，这是显而易见的。

《幻之光》后，是枝致力于探索属于自己的风格。《下一站，天国》（1998）、《距离》（2001）都是偏试验色彩的电影。在这两部作品中，是枝充分发挥了自己纪录片导演的优势，抛弃了前作颇受好评的固定机位长镜头，选择了视听风格上更加粗粝的手持镜头，尤其是《距离》对于自然光和非专业演员的使用令其无限接近Dogma 95运动时期的影片。在第57届戛纳国际电影节大放异彩的《无人知晓》里，是枝依然坚持手持镜头与自然光，并用非专业的孩童做主要演员。在剧本细节上，这部影片明显更为成熟和扎实，琐屑的生活情节通过朴实自然的细节填充，用料理场景来表达人物关系与情绪的手法也首次展现。是枝将残酷暗黑的死婴事件和光明美好过曝的影像结合，造成一种别样矛盾的观感。他并不刻意对社会话题发出诘问，而是让人性的美丑善恶在平静如水的镜头下流泻，这样反而越发引人思考。

《步履不停》和《如父如子》对是枝导演来说是颇具里程碑意义的两部作品。前者是因为父母的离世，让他重新审视家庭，将创作重心转向对家庭生活和亲情的探讨，确立了自己的影像风格；后者则通过与日本男星福山雅治合作，取得了商业上的成功。在中国影迷中，改编自吉田秋生漫画作品的《海街日记》令是枝知名度大幅提高，这部电影也获得了第63届圣塞巴斯蒂安国际电影节观众选择奖。

清新的日式风格，展现了美如画的镰仓风景，细腻刻画了四姐妹的亲情羁绊，充满了治愈系的味道。长泽雅美、绫濑遥、广濑铃、夏帆等女星的加盟，俘虏了大量喜欢日剧、日本文化的观众。影像语言被导演打磨得更通透、更圆润，也更平和了。作品云淡风轻，正如导演在随笔集《宛如走路的速度》所说的：“停下脚步，挖掘脚下微不足道却更柔软的事物。”影片里没有所谓的惊心动魄的戏剧冲突，情节都被埋藏在很密很深的故事纹路里。镜头对准生活中的琐屑日常，四季的流转——像穿过镰仓的火车、樱花汇成的隧道、仲夏的烟火、老宅里的梅树、贴窗花的推拉门、四人的暖炉桌、穿着和服的四姐妹、沙滩上留下的脚印，还有温馨可口的梅子酒、沙丁鱼、海鲜咖喱饭……这些意象叠加起来，不仅唯美，更充满了人生隐喻。最后，所有尘世间温柔隽永的情感，都堆积成随着海风轻轻拍打过来的海浪。

导演成长履历，纪录片生涯对他的影响

是枝裕和的祖父从奄美大岛去了日据时期的台湾，所以是枝父亲在台南高雄长大，并在那里度过了他的青春时代。之后，他前往旅顺工作，不久被征召到战场，战败后被苏军带到了西伯利亚进行强制劳动。等他回到日本的时候已近30岁，受到周遭的冷遇难以谋生。因此，他们一家总是慢半拍。20世纪60年代是日本经济的高速发展期，他的母亲揶揄

父亲买不起车，在是枝的相册里有不少张和父亲以及姐姐在别人家汽车前拍的相片。

是枝9岁时从狭小老旧的房子搬到团地社区。小时候的他爱阅读，母亲给他买来爱迪生、丰田佐吉、野口英世的传记。是枝的母亲称得上影迷，结婚后忙于家计，没时间去影院，就在电视上看。她喜欢NHK（日本放送协会）播的美国黑白老片，英格丽・褒曼、琼・方登、费雯・丽这些明星，是枝都是从母亲那里得知的。当年希区柯克的《群鸟》给他留下深刻的印象，而他在影院（池袋站的东口）看的首部电影是迪士尼的《飞天老爷车》。初中时他迷上了电视剧，像《伤痕天使》《我们的旅程》《敬爱的母亲大人》。高中时他想当小说家，选择进入早稻田大学文学部，然而最初持续影响他的却是一波电视人：向田邦子是位了不起的编剧，她的作品对女性的描写出类拔萃，代表作《宛如阿修罗》堪称经典，而且她善于处理亲情疏离、家庭羁绊的题材，现实中的美好与伤感，无论是通过文字还是影像展现，都引人动容；导演鸭下信一对剧中的每个背景、每段台词都有详尽的说明，演员的每个动作都要有明确的含义；导演久世光彦将综艺元素融入电视剧里；制作人村木良彦与同事合著的《你仅就是现在》说“电视就是爵士乐”，即电影是被导演这个指挥家引领演绎的、有曲谱的古典乐，而电视是作者与观众共同打造的即兴爵士乐，那是与观众共同拥有的逐渐消逝的时光。是枝进入电视界受到村木先生很大的影响，以后在制作电视节目时，他也努力贯彻与观众“相互投契”的原则。

在大学时代，是枝并不是一位热衷听课的学生，他看了很多电影。他早上从东京清濑市的家里出发，乘地铁到新宿的高田马场车站，接着就躲进早稻田大学附近的电影院，到了中午去食堂吃份恋家的咖喱饭，下午继续看电影。他每年的看片量达三四百部，不少电影大师，诸如维姆・文德斯、费德里科・费里尼、弗朗索瓦・特吕弗、吉姆・贾木许、肯・洛奇、安哲罗普洛斯及其作品都进入他的视野。当时他还没有拍电影的觉悟， 比起电影，他对剧本和电视剧更感兴趣，其毕业作品就是以歌舞伎十八番之一《景清》为题材而撰写的历史剧。

25岁大学刚毕业的是枝对未来感到一片茫然。抱着试试看的想法，他进入了电视人联合会（TV Man Uion）电视制作公司，在8年内为富士电视台（Fuji TV Station）拍摄了若干电视专题纪录片，担任了三年助理导演。1991年，他有了自己导演的两部纪录片。一部是记录小学生生活的《另一种教育》，这部纪录片是是枝刚做助理导演时就开始筹备素材拍摄的；另一部是调查一个自杀事件的《但是……在这个扔弃福祉的时代》。这两部影片让是枝受到了公司的关注，他被提拔为导演，开始了早期生涯中的纪录片创作。

《另一种教育》讲的是伊南小学的学生饲养了一头奶牛，奶牛也成了他们日常生活的中心。他们给牛舍打扫卫生，计算它吃多少草料，并定下育种和挤奶的目标，将数学、植物学、诗歌创作、音乐、农艺都融入了教学。两年间，学生们一直喂养照顾着奶牛，可是预产期提前，小牛意外地夭折了。学生们哭着为小牛举行葬礼，随后迎来了期待已久的挤奶时刻。悲伤与喜悦夹杂在一起，能有这样的体验，也是种难得的成长。孩子们要升入六年级了，学业压力更大了，他们没有时间去照顾奶牛，打算将其归还给农场。班主任和孩子们展开讨论——这样做是不是自私、不负责任？学生们对奶牛倾心付出过，奶牛也提供牛奶给他们补充营养。最后是不舍的离别，学生们含泪挥手向带着奶牛离去的师傅表示感谢。是枝的首部纪录片就与“孩子”亲密接触，后来的“孩童影像”成为他的一个标签。

在《当记忆失去了》（1996）里，关根弘接受了胃切除手术后，无法进食，于是被注射了葡萄糖，却没有加入维生素补充剂，导致其脑损伤，这都是厚生省（原日本政府部门之一，2001年与劳动省合并，改组为厚生劳动省）在90年代初的政策与失德的医生造成的。关根弘在脑损伤前的记忆相对清晰，然而他无法储存或回忆新的经验。患有健忘症的他通过录像看到自己和家人做的事，以为被他人盗取了身份。关根弘过去是辅导残疾人士的社工，他总是强调要让残障人士先接受自己的缺憾，方才开始所有辅导。可是如今的他无法记起手术后的伤心和快乐，只能一再反复地从录像里观看自己每个早上的静泣，痛苦不言而喻。

是枝后来拍摄的电影《下一站，天国》明显受到这部纪录片的启发，在制作上也很大程度上脱胎于纪录片的工作方法，两部作品都聚焦于记忆对于人自我身份的构建的作用。《下一站，天国》中设置了一个虚幻的天国车站，讲述的是每个人在去天国之前，都要在天国车站停留一个星期，回顾一生，找寻最珍贵的回忆，将其拍成片段。他们找寻自己记忆的方式，也是通过录像的形式。导演采用了一种变形的“戏中戏”结构，片中对死者的采访片段已经很难分清表演和记录的界限。事实上，这些采访片段一部分正来自剧组前期准备工作中对500多人的访谈，影片中的大量访谈镜头，都是用纪实手法拍摄的。

早期的纪录片工作经验对是枝之后的故事片拍摄产生了极其深远的影响。一方面，他从拍摄边缘人物和社会议题中，审视虚构与现实的关系，磨炼技巧，进行试验，这为以后的电影创作奠定了基础。另一方面，在纪录片中，他练就了用镜头来传达生活细节的技巧，所以他的诸多剧情片总是很难和其纪录片工作分开——他的剧情片有着纪录片的特征，他的纪录片也会用剧情片的技巧。

《无人知晓》的故事原型是1988年震惊日本的“东京西巢鸭弃婴事件”，真实事件远比电影残酷得多。一名母亲自己跑去跟别的男人同居，丢下之前与不同男人生下的孩子（一个男孩和三个女孩），交代给14岁长子照顾。起初她还会打电话和寄生活费，后来则难觅行踪。有个两岁女孩因饥饿偷吃了长子朋友的泡面，朋友很生气，将她踢死，之后几个孩子将尸体埋在崎玉县秩父市公园。邻居发现家中只有小孩居住而报警，这时的孩子已经出现了营养不良现象，次子也已病死。

是枝看到这个事件的报道后受到很大冲击，开始着手构思故事。当时写的剧本颇具戏剧性，然而十几年后当他开始制作这部电影时，已经是有自己成熟风格的导演，于是他修改了剧本，填充了更多生活化的镜头。他通过情景再现，以他者的身份立场，克制冷静地站立一旁，和人物保持一定距离，用摄像机记录下人物的情感。导演有意识地强化了孩子们的“黑户”身份，母亲在家时对他们的约束，母亲离开后他们的孤立无援，为了寻找食物和水，他们慢慢地走出房门，到社区与其他孩子玩耍。影片毫不恣意渲染事件的悲剧性，小妹妹的死亡被一笔带过。导演采用色调温暖的光线，描写类现实的日常生活，通过四季流转、景象变换，展现他们的生存状态。

是枝的另一部作品《距离》，是受到1995年骇人听闻的“奥姆真理教地铁沙林事件”[1]的启示。在近乎封闭的空间，聚焦于犯罪者遗族，是枝再次模糊了真实和虚构的边界，通过画面去倾听、观察人物以感受其内心。《距离》与《无人知晓》相较，前者选用的是有经验和演技的演员，后者用的是“子役”（低于15岁，在影视剧、广告中出演的儿童演员），在电影角色分配上都比较平均，注重对情态的呈现。不过，前者更注重遗族与犯罪家属的关系、遗族家庭内部的关系、犯罪家庭与社会的关系，而且前者的记录风格更明显，比如运用了自然光、粗颗粒，更着力于追究事件背后的成因。

是枝的创作，对于“记忆”与“死亡”话题的探求，出发点虽来自《另一种教育》，但另一部电视纪录片《但是……在这个扔弃福祉的时代》对此表现得更为典型深刻。由于推进社会福利保障适当化计划，水俣病患者的权益得不到保障，原厚生省重要官员山内丰德背负着全体患者的希望，一人承担着政府给予的压力，最后撑不住了，走向绝路。酒吧女原岛信子也受到这个政策的影响，她在突患重病、辞去工作后失去经济来源，没钱治病，多次申诉求救换来的却是嘲笑和侮辱。1991年4月，她被穷困逼得走投无路，在家中自杀身亡。片中多次出现对山内丰德妻子的采访。一身丧服的妻子垂着眼面对镜头讲述着丈夫的生前，总让人想起后来电影《幻之光》里那个同样饱受丧夫之痛的妻子由美子。《幻之光》的确是这部纪录片的回响。

《没有他的八月天》（1994）的拍摄对象是感染了艾滋病的同性恋患者平田裕，片中展现了他面对死亡时的困惑、懦弱、恐惧，是濒死之人对于生命价值的昭示。他写诗歌，与人分享他喜欢的乐队，如愿以偿出了本书，却对书名不太满意。他临终时不断回忆着关于病逝父亲的过往，辞世后人们依然享用他所热爱的夏日海滩。

此后，“死亡”作为暗线一直埋藏在是枝创作的语境里，从《无人知晓》《距离》，延伸到家庭电影《步履不停》、根据室生犀星小说改编的《后

1　泡沫经济后，10年之久的经济停滞带来焦虑与疲惫，阪神大地震及奥姆真理教在普通人心中刻下恐惧不安。1995年的阪神大地震造成5 000余人死亡，30 000多人受伤，340 000人无家可归；而奥姆真理教成员制造的东京地铁沙林毒气案，造成11人死亡，5 500余人受伤。

日》（2010），再到《海街日记》《比海还深》。直面死亡，对生死的终极追问，“死者”虽在家庭消失，却以另外一种方式继续影响着生者，与其说是枝热衷探讨死亡本身，不如说他关注的是失去亲人的家庭状态。他悲观地说他们都是“幸存者”。《幻之光》中由美子是丈夫自杀的幸存者；《无人知晓》里的孩子们是被母亲抛弃后的幸存者；《距离》里邪教犯罪者家属在教会成员住过的木屋聚齐，各自陷入对过往亲人的回忆，相对于死者，他们也是“幸存者”；《下一站，天国》虽然主旨是通过对个人终极记忆的选择来探讨个体存在的意义，探讨记忆对个人身份的建构，但犹豫不决的死者们是想拒绝给死亡赋予象征意义，通过记忆和影像避免彻底地死亡，从而“幸存”下来；《步履不停》中被父亲寄托希望、子承父业的长子纯平，在15年前为救落水儿童而溺水身亡，一家人聚在一起纪念，幸存者们经受的内心煎熬会被无情的时间稀释。如何建立没有死者的当下生活，如何在接下来的生活中建立新的联系，这是导演最终想要表达的。他对镜头下的“幸存者们”心怀悲悯，认可他们的忧伤与绝望，并不希望他们将罪过归咎于谁，更不要因为怨怼裹足不前。

而在现实生活中，2006—2009年，是枝不得不面对各种离别：母亲离世，他艺术的引路人、创办电视联合会的村木良彦离世，被他视为另一位父亲般存在的制片人安田匡裕离世。是枝不相信有命运之神，但又隐约觉得，“死者和孩子，某种意义上引导着我的人生走向和我的命运”。母亲辞世后的悔恨促成了佳作《步履不停》。2009年一直鼓励他的安田匡裕走后，他意识到自己发掘电影人才的责任——正是安田所创立的独立制片公司Engine Film为是枝提供机会，令他能够坚持个性，独立创作，与商业电影产业保持着一定距离。安田匡裕去世后，他对电影的态度越发平和，放下了作者、导演的身段，逐渐成为一名“电影料理人”。从2014年开始，是枝裕和开始在早稻田大学理工学术院任教，开了关于如何制作电影以及影像教学的课程，同时还成立了自己的电影制作公司“分福”，与合作良久的才女导演西川美和、砂田麻美一起，继续致力于独立制片和培养新的电影人才。

是枝裕和的非典型电影

是枝裕和曾三次试图转型，结果不是备受争议，就是口碑不佳。2006年的《花之武者》无论题材还是视听，都颠覆了导演一直以来的创作风格。这是一部“反武士电影”，回应“9·11”事件之后的现世，冲破传统的“忠臣藏”题材，影片主旨是“放弃复仇”：只有放弃武士身份，才能重新找到自身生存下去的勇气、价值和意义。

2009年的《空气人偶》拍得颇有奇幻寓言色彩，通过关注孤独的个体，探求女性的价值，带有强烈地对个人身份认知的意味。影片讲的是一个塑料充气人偶小望，某一天突然被赋予了人的心智，有了自己的思想和知觉。小望在追寻人类身份的过程中，接触到都市里忙碌空虚的芸芸众生。她到音像店打工，喜欢上店里的男孩纯一，随后两人同居。在漫漫长夜，她慰藉着他空虚的心灵与肉体。她逐渐意识到自己作为“物”，不过是性伴侣的替代品，而作为人，也只是纯一前女友的替代品。

是枝导演制作这部电影时，从吉野弘《所谓生命》这首诗中得到启示：“所谓生命，仅靠自身无法被完整创造出来。……生命自有缺陷，需要他人来填满，然而，我们彼此对于自身这份重要的缺陷毫无自觉。”[1]这首诗与电影的意象切合，恰巧呼应了电影的主题。小望不小心被扎破，泄了气，纯一用自己的气息把她吹满，于是她空虚的心灵和身体都被填满了。人们都深感孤独，却不愿联系和交流。小望的特质在她对老人的照顾和与纯一之间的充放气得到了证明，虽然最终小望为纯一充放气使得纯一死去，但那种孤独与隔绝被打破，个人的本质得到了认可。

2017年，《第三度嫌疑人》上映，导演用拍家庭剧的方法拍摄悬疑剧、法庭戏无疑力不能逮，同时电影一段段平铺的方式，有些拖沓，也让观众找不到重点。影片一开场就交待了谋杀情节和“凶手”身份，随后不断探求其犯罪动机，并通过辩护律师的缜密调查，引出了被杀者“性侵”“造假”的恶行。“凶手”早年间在北海道家乡杀死了放高利贷的债主，被法官网开一面，30年后出狱再度被捕。由于他三番五次改口供，也使剧情不断反转。这部影片可讨论的话题很多：死刑是否必要？自主惩罚有恶行的人有无正义性？犯罪真实、逻辑真实与法庭真实三者

1 是枝裕和著，陈文娟译：《有如走路的速度》，海口：南海出版公司，2016年，46页。

的关系为何？影片中只有辩护律师想方设法寻求真相，而法官、检察官、证人并不在乎这些，真相在法律面前意义何在？在不同身份的人眼里，由于角度判别差异，做案动机也变得扑朔迷离，最终沦为“罗生门”。“凶手”除了杀死债主这件事可信外，并没有确凿证据证明他也杀了为非作歹的厂长，最后他仍被判处死刑，意味着具有裁断权的人合力杀死了他，也就是“第三度杀人”。

「民间记忆计划」影像笔记。一

吴文光

民间记忆计划与纪录片创作（2010—2011）

2010年夏天，民间记忆计划在草场地工作站开始，参与计划的所有人分别返回“和自己有关”的村子——或出生成长地，或父母、祖父母所在地，或与之前生活有过关系（如下乡插队）的村子。按照民间记忆计划方式“回村在先，记录跟随，创作在后”，每个人回村后的第一件事是采访老人，并从“三年困难时期”的记忆开始，同时进行影像记录与现场创作，然后回到草场地工作站进行影片剪辑和后期创作。这个计划在2010年冬天会继续，并一直延续下去。

2011—2014年的4年里，每年3—9月是回村者（纪录片作者）在草场地工作站剪辑、创作片子的时间。剪辑创作过程分两个阶段：第一阶段（3—4月）做出片子的初剪版本，并在草场地“五月艺术节”中的“纪录片工作坊”或“纪录片创作进行中”单元放映并讨论；第二阶段（5—9月）可以

民间记忆计划工作坊

继续剪辑修改，并最终定稿，之后在草场地的“交叉艺术节”首映。

就纪录片创作来说，草场地工作站从2010年民间记忆计划开始后，尝试的是一种个人创作与集体并行的方式。所谓集体，即立足于一个共同参与的民间记忆计划，并在草场地工作站这个共处空间里完成；所谓个人创作，特别强调每个作者对自己作品的深度挖掘和个性表现。在3—9月的7个月时间里，参与者在草场地进行影片剪辑创作工作时，首先要面对自己的素材，考虑如何解构自己的片子；剪辑过程中，不同阶段的工作坊讨论、个人工作和集体讨论交叉进行。剪辑创作阶段的工作是按片子剪辑进度分期进行的，如初剪、素材补充、纸上剪辑、终稿完成。在工作坊方式下，作者轮流放映自己的最新剪辑版本，再集体讨论，这样就会有更多眼睛帮助作者审视片子。

工作坊现场讨论之后，如果还意犹未尽或后来想到新的话题等，参与者可以在一个邮件组中继续讨论。

这一章里的文字基本上是我在2011—2013年所写，将陆续在该栏目进行刊载。

2010：创作第一年

民间记忆计划正式开始于2010年夏天。实际上，这是一个创作与计划滚动进行的实践。在以“各自返回村子”的方式正式开始之前，已有人回村或处于创作中了。2010年创作完成的片子有三部：邹雪平的《饥饿的村子》、章梦奇的《自画像和三个女人》，以及我的《治疗》。

●《饥饿的村子》：镜头敲开记忆之门

邹雪平拍摄的是自己出生并长大的村子，再次剪辑后的纪录片已接近完成，长90分钟，一个基本完整的结构和独特的影像叙事方式出来了。

片子开头，是一大片土地，黄黄的，没有庄稼的样子。然后是村道，一只狗慢腾腾地在前面走；房屋，院墙，都灰灰的；从某个院门看进去，院子空无一人。

片子开头描述的这个村子，沉寂，静默，没有人烟，似乎也没有生命气息。镜头继

《饥饿的村子》剧照

续缓缓移动，照着村路上的影子——拍摄者本人。镜头进入一扇又一扇门，停留在一个“熟睡”的老人身上，她的头深深地歪斜着。她是拍摄者邹雪平的奶奶。其实，她生命的最后两年大部分时间都是在这种昏睡中度过的，至少从邹雪平两年前用摄像机记录她的生活开始，在镜头中看到的大部分内容是如此。

以后的画面，继续看到老人：她慢慢挪动，拄着拐杖；她坐在院子中的小板凳上，发呆；她继续睡，醒来，自己跟自己说话……然后我们看到别的老人出现在画面里，他们都是一个村的，和邹雪平奶奶年纪相仿，也有的稍年轻些，或者更老。老人们一个个开口说着话，逐个端坐自己的家中，面对镜头（也可能以后面对更多的观众）讲述50年前的饥饿故事……

写到这里，我想起一首老歌，歌词开头是：“我们坐在高高的谷堆旁边，听妈妈讲那过去的事情。”这是一首革命歌曲，教育我们不忘旧社会之苦，感恩新社会之甜。现在，这些老人坐在自己家中，在邹雪平的镜头前，开始讲50年前的饥饿故事。他们讲的全是亲身经历：怎么挖野菜，怎么吃树叶，怎么逃荒，怎么讨饭，儿子怎么被饿死……没有控诉，没有咒骂，甚至听不到太多抱怨，口气平缓，表情淡定，是一种命运生来如此的默认；但岁月刻在他们的脸上，皱纹如沟壑。

确实，一扇扇记忆之门，在50年后终于打开。我相信，对于这些老人来说，从来没有一个人像邹雪平一样走近他们，坐在他们面前，倾听这些往事。他们知道邹雪平是村里谁家的孩子，可能只叫得出她的小名，但不知道大名，更不知道她在哪儿读大学，也真的不清楚为什么这个应该在大城市里跑来跑去的孩子，会跑来自己跟前，架上摄像机，要听这些没人想听的故事。但从他们的表情中看出，他们真的愿意讲，甚至想不中断地讲下去。我猜想，这些已经过去50年的经历，无法在他们的记忆中淡忘、消逝，或被抹去，也可能随时会在脑中萦绕，尤其人到老时，逝去的日子一天天靠近，他们脑中更多出现的可能不是现在，而是更久远的过去。那是老人的世界，人没到那一步，无法体会。

但现在，就在邹雪平的镜头前，他们一个个张开口——记忆之门缓缓开启。

片子继续往下走，邹雪平的奶奶在这个世界的最后两年时光里一点点移动。夏天，冬天；她在空房子中；她独坐，吃饭，昏睡，发呆，自己一个人说话，有时和一个想象中的人说，有时和自己说，说到从前的事，说到自己的死。这是一个人的世界，只有她自己生活在其中，外人无法进入。看过这个片子的人可能难以忘掉这个老人的眼睛，它们完全不像通常老人眼睛那样混浊、无神，而是尽力圆睁，瞪着，炯炯有神——她想努力看到什么？还是记下什么？

这个老人生命中的最后两年时光就这么在影片中缓缓地流动着，中间穿插着这个村子的场景，一如片子开头那样，沉寂、静默，没有生长，没有新鲜，似乎与世隔绝；同时也穿插着另外的老人，他们一两个，或者几个，枯坐，发呆，慢慢地走，弯曲的背……然后再次开口，讲述50年前的饥饿。这些历史讲述者，都坐在自己的屋里，背景是自家的墙壁，发黄的旧报纸、年画、老箱子、炕上的老式床单和被子。是的，这些都是极平常极普通的老人，经历过大半个世纪的老人，现在终于有一个叫邹雪平的女孩走近他们……恍惚间，昏暗模糊的历史墙壁上，突然睁开一只只眼睛。

影片就这么构成，由邹雪平的奶奶这个老人贯穿全片，直到其肉身彻底消亡。在和这个世界告别的过程中，插入那些依然在世的老人，总共15个，还有他们50年前的饥饿记忆。1个老人＋15个老人，全都70岁以上，最年长的83岁，他们属于同一个村子，这个村子就是山东省滨州市阳信县商店镇邹家村。

我得说，这是作者刻意塑造的一个村子，一个只有老人和饥饿记忆的村子，一个非

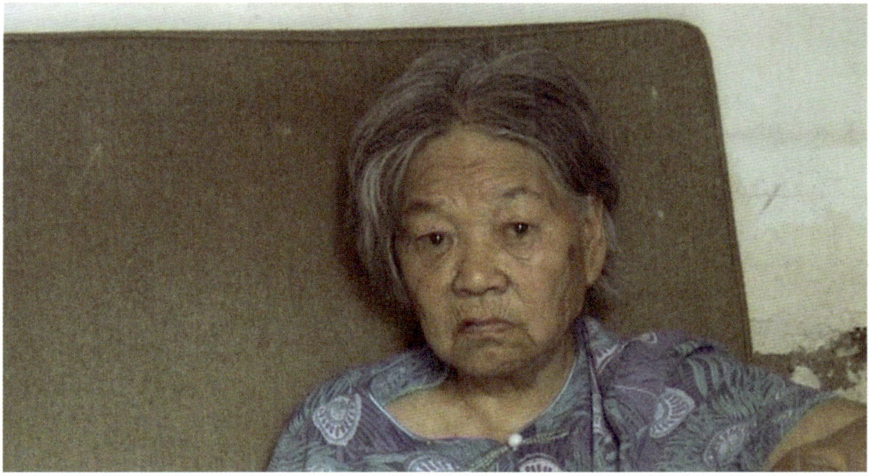

《饥饿的村子》剧照——邹雪平的奶奶

常现实的村庄，但又是一个超现实的世界。这个村子当然还有中年人和孩子，也有摩托车和汽车，以及人们干活、吃饭的场景。作者家里，也还有其他家人，比如她的母亲（在邹雪平的第一部纪录片《娘》中，其母亲就是镜头前的主要对象）。上述这些镜头我在邹雪平的素材中看到过，不少场景和对话拍得也很生动，但在现在这个片子中，这些都被省略了，其中一个原因就是，作者要创造一个现实中的村子的“极端之面”，即日常生活表象下蕴藏着的那个“核”，那个可能的未来走向，所以，镜头必然要如锥子一样深入具体生活中，实现思考和想象的飞翔，引领人们关注一个现实村庄的无言与悲伤、未来的结局与命运。

如此“超现实”手段，不仅仅是那种“暗示”“指涉”“隐喻”“象征”等通常的艺术手法，而是一种极端手段，就是用一道强光照亮现实的最深处、最底部。必须强调的是，这种“超现实”的获得，并非我们熟悉的虚构小说、电影或绘画之类的视觉艺术，而是由完全来自现实中的真实材料创造而成，这就是所谓“创造性运用真实材料”的一种影像例子。我近年来醉心于此，觉得这是从常规纪录片突围、获得更广阔和丰富的真实影像创作的一种可能。邹雪平的这个片子，对我有巨大的启示。

不得不说，邹雪平的这个片子的出发点，还是和她一直追寻“私影像”这种极端个人的影像方式有关。从她的第一部片子《娘》开始，镜头就回到了自己出生和长大的村

工作中的邹雪平

子，直指自己和母亲；之后，继续回到村子，拍摄家庭和村里人。现在这个片子，让我们明显看到作者的存在：作者手持摄像机在地上留下的影子；镜头进入一个个院子、一扇扇门；作为孙女，她不能只是从镜头中观看奶奶，她得帮助奶奶，要扶奶奶上炕睡觉，要把摔倒在地上的奶奶扶起来，要给奶奶洗澡……给奶奶洗澡的镜头出现过几次，院子里、屋里都有。中风后的奶奶由孙女帮助擦洗，当然没有浴缸，没有澡盆，只是坐在凳子上，毛巾和脸盆是全部洗浴工具，擦一把，洗一把。屋里那个洗澡画面令人印象深刻：屋内昏暗，墙壁灰褐色，依稀可见灶台，大概是厨房；一束光从半开的门中打进来，照在光着身子端坐凳子上的老人，瘦骨可见。一个光着身子的老人，一束光，后面是坚硬的背景……那天看片时，一起看的学油画出身的戴陈连猛地叫出："伦勃朗的画面！"这个"伦勃朗的画面"很快被破坏了，破坏者正是制造这个画面的邹雪平，她进入画面，要给奶奶擦洗，重复这个不知做了多少次的动作。真实影像中必须呈现的日常生活打破了油画那种瞬间凝固的永恒经典，这是必需，但我还是看到经典油画中被凝固的瞬间，还有故事被延时、被拉长、被更新、被赋予新的意味。以后看片过程中，观者如我们，不断有如此的"油画语言评价"：太莫迪利亚尼了！很康定斯基呀！如此赞语是对这个片子"超现实"感觉的肯定。

当然，片子是靠日常生活的镜头组构而成，并非是弄出那些故弄玄虚或故作荒诞的镜头来伪装，其中一些画面虽然极其生活化，但意味无穷，令人长久难忘。比如一个场景：奶奶和孙女隔着茶几坐着，孙女的手伸到奶奶的手上，握住，没有一句话。如此

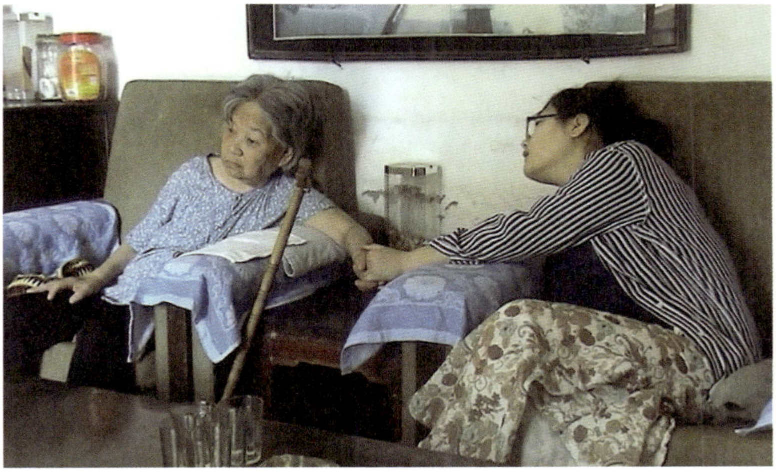

《饥饿的村子》剧照

苍老的脸和手与如此年轻的脸和手在一起……悲伤的是，这个只是短短的一瞬，苍老终究要撒手而去，留下年轻的；一些岁月之后，这个年轻要代替前面那个苍老。

得说下邹雪平这个人。她1985年出生，2009年毕业于中国美术学院新媒体系。在校期间，她拍摄了第一部纪录片《娘》，拍摄对象是她的母亲，一个生活在村子里、含辛茹苦埋头料理一个家庭的母亲。离开大学后，她继续利用回村子的机会拍摄。一开始在家里拍，奶奶的镜头占多数，慢慢地走出自家的院子，去到村里，进到别人的院子……也许她并不完全清楚这个镜头未来会给自己带来什么，但知道这是非常重要的继续。之后，一个名为“民间记忆影像档案”的计划开始，一些学影像或做影像的年轻人自觉加入其中，邹雪平也是其中之一。也许她觉得这个事情有意义，但并不完全清楚和自己的片子有多大联系。现在不得不说，邹雪平的这个片子能走到如今，和她加入这个计划密切相关。可以说，是“饥饿记忆”的拍摄挽救了这个片子，或者说给了这个片子一种完全想不到，也无法事前策划的崭新生命。我们能说，是历史拯救了现在吗？或者说，一个年轻人在返回自己的根部时，获得的是更广阔世界的探进吗？

当我写这些文字的时候，邹雪平又回到那个山东农村老家，还在继续拍摄，可能包括家人、村里人，可能包括饥饿或者其他历史回忆，可能……不知道还有更多什么样的可能，但只要人回到了自己的根上，什么都有可能发生。我有时忍不住想象邹雪平以后的10年，如果一直以这样的方式继续返回村子拍摄，她会拍出什么更让我吃惊的片子呢？她自己会变成什么样的人呢？我忍不住想象，是因为这种例子以前几乎没听说过。如果没有发生过，就完全有可能是人迹罕至之路，就完全有可能通向一个崭新的境界。

（这篇笔记写完三个月后，邹雪平的片子已经完成，片名为《饥饿的村子》。再次看这部片子，恍惚间仿佛进入了马尔克斯的小说《百年孤独》中。）

●《自画像和三个女人》：一个舞者的自画像及三代女人的故事

《自画像和三个女人》影片开始，一个手持手电筒的舞者走进排练场；下一个画面，镜头从舞动中的双腿移到舞者的脸上，她在自述："我要做一个作品，这是我的第一个舞蹈作品，和我自己有关系的一个作品，作品的名字叫《自画像》。"这是一部从剧场表演开始讲述的片子，讲述者本人，是舞者，也是影像作者，即章梦奇本人。一个关于自己的舞蹈，一部关于自己的片子。

"自画像"作为作品的题目，曾被无数绘画、摄影，甚至诗歌用过，自画、自拍或自写，作者各异，主角也各异，所以都有理由使用这个名字作为作品标题。有点奇怪的是，一个以此命名的舞蹈及由此而生的一部片子如何进行？如何处理自舞与自拍？如何使用真实影像"自画"？所以这部片子的创作难题是：如何摆脱习惯的自恋、自爱的肤浅表面，展现出有蕴含的深度。

章梦奇是学舞蹈出身，和众多舞蹈人的道路大致相同。她9岁开始习舞，每日压腿、练功、舞蹈至成年（大学专业为舞蹈）。舞蹈作为一种职业，和职业运动员类似，跳到差不多年纪时就要改行，是一种"吃青春饭"的行当。章梦奇命中注定要走一条殊途。这条殊途从她大学毕业后选择"自由舞者"的身份开始，紧接着的一个关键选择是，她不仅要"跳别人的舞"，也要编自己的舞。她创作的第一个舞蹈，不是舞蹈圈常见的那种玄幻虚空、美轮美奂的舞姿展示，而是以"自画像"命名，直接把"枪口"对准自己，这就是章梦奇在2009年创作的第一个舞蹈剧场作品《自画像及和母亲对话》。这是作者初始创作的关键，可以说决定了她从剧场到日后的影像创作之路延伸的方向。

因为《自画像及和母亲对话》这部剧场作品与作者的片子《自画像和三个女人》密

《自画像和三个女人》剧照

切相关，并且部分内容也被引入片子中，因此多说几句这部剧场作品。作品内容由作者自己与母亲对其出生及少年成长的共同回忆构成，作品的呈现（表达）方式为“对话”方式，是将母亲讲述的影像（母亲自己拍摄的）投射在舞者（作者本人）身上，主要的视觉场景是以舞者身体与母亲的面部及表情、表演现场的女儿与影像中的母亲的对话互动构成。

“对话”中的一个核心是，回忆中引出作者的早恋被母亲发现，被中断，被“写检查”。于是，演出中出现如此对话：

女儿：妈妈，你为什么要让我写检查？

母亲：因为你犯了错误啊。你犯了错误，妈妈希望你能够记住这个错误，然后真正做到能改正错误。

女儿：为什么要用写检查这种方式？

母亲：因为妈妈是老师啊，老师叫学生写检查是正常的啊。写检查主要是用到学生身上的，是老师对学生的一种管理方式。所以妈妈把这种写检查的方式就用在教育女儿身上。

女儿：检查要怎么写才是正确的？

母亲：首先就是检讨自己，反省自己，就是把自己犯错误的整个过程详细写出来，并挖掘自己内心中那些不健康的，或者是错误的根源，最后要写下保证痛改错误的决心。

作者少年时经历的一次早恋被母亲以“写检查”的方式粗暴中断，大概这是作者深藏内心、难以抹去，一直影响其成长的记忆，由此也成为她创作自己第一个舞蹈作品的初衷，或者也是用影像继续表达的动因。

影片从一个封闭的剧场空间开始，接着镜头移向现实空间——作者和家人度过的一个春节假期，作者的母亲和外婆出现在片中，自然还有她们背后跟随而来的生活：离婚单身的母亲在外拼闯多年，身心疲惫地返回老家；退休在家的外婆抱怨自己的不幸婚姻，安享晚年似乎难以遂心如意；作者本人，失恋和毕业一起到来，未来的生活如何选择……“三个女人”的故事各自成章，又因彼此的血缘关系卷入逃脱不掉的撕扯纠缠中。

这部影片的意味大概就从这里开始：三个女人，一个比一个大24岁左右，外婆的青春开始于20世纪50年代，母亲的青春开始于20世纪70年代，作者的青春从21世纪开始，三代女人血脉相传，她们之间的相似和差异何在？还有，从母系延伸而下的愿望或梦想是什么？影片的现实生活部分让我们看到，外婆对自己的婚姻不满，选择的是保守疗法；母亲重复了和外婆一样的不幸婚姻，但选择了离婚，独自带大女儿；作者自己呢？这正是作者在片中问自己的问题：“我不知道自己未来的生活会走向哪里，是和大部分人一模一样的生活，还是我自己真正需要的？那什么又是我真正想要的生活呢？我在想我自己这个人：我是谁？我的名字为什么叫‘梦奇’？”

这是疑问？自问自答？或问了也无答案的设问？作者以这种自言自语式的自述旁白逐步推进着片子。影像的基本构成是剧场排演段落与现实中母亲和外婆的现实场景（包括因外婆对外公的抱怨引发的一次家庭冲突），还有外婆、母亲的老照片，作者幼时写给母亲的信，老师的鉴定评语，奖状、证书等。作者以“回忆”的方式再现自己的成长经历，同时也在以“现在时”的方式表达自疑、自省、探求、寻找……为使这些心理动作被强烈地展现出来，作者设计了一些刻意为之的影像方式，它们都是“带表演的自拍方式”，比如，俯身将脸贴到扫描仪上，扫描自己面部的过程；在两扇镜子之间吹“气球”（后来听作者说吹的是避孕套），画面中的“气球”影像重重叠叠，逐渐鼓涨，直至吹爆；还有作者自拍脚指头的表演，旁边讲述着十指兄弟且分且离的关系。

更刻意设置的一个场景是，在影片即将结束时，在一处黑暗空间中，舞者（作者本人）弯着腰，将头费劲地从胯下探出，努力往前挪动，发出喊声："我是谁？我为什么在这个地方？"镜头逐渐移近，逼向画面中的人；声音继续，且时断时续："我妈让我找的让我幸福的男人在哪里？我的命运一定要跟男人捆在一起吗？我不知道我的命运会是什么样，我只知道我肯定不愿意重复我妈的命运，更不可能重复我外婆的命运……"作者用如此的"表演式"来凸显自己的质疑和寻找。

补充一点。作者在创作这部片子期间，也同时在创作自己的舞蹈剧场作品"自画像之二"：《自画像及自我性教育》。这部新作品延续上一部作品涉及的少年"被教育"故事，进入作者的青春期记忆，记忆的关键点是"性"：苏醒，萌动，觉悟，认识，掌握……性，是一个人成长期最富意味的关键词。我们这些从50后一直到80后的几代人，企图从体制和意识形态的封闭包围中突围出来，其途径唯有"自我教育"这种"野路子"，性的自我教育是其中之一。

我年轻时的文学朋友（也是我曾钦佩的才子之一）李勃早年间说过的一句话，我至今记得：性方面，我们从来都是无师自通。我记得这句话，是因为它意在强调我们的青春成长是对封锁禁锢的传统或时代的有意冒犯和挑衅。我听到这句话是在20世纪80年代初，那时我们都是20岁出头，对前面的路又好奇又陌生。又是一个20余年过去，新一代人如章梦奇再提"自我性教育"，不仅说明那种封闭禁锢依然，也显示新一代的冒犯和挑衅在继续，而且来势汹汹，以作品之刃切入现实皮肤，用"自我教育"反抗"被教育"。作者将这个舞蹈作品《自画像及自我性教育》融入自己的影片中，是作品深度的延伸，不然，作品或许仅仅停留在少年的某次不堪记忆的层面。

另外值得一提的是，《自画像和三个女人》这部片子创作于2010年，当时正值草场地工作站的民间记忆计划开始之时，章梦奇作为工作站驻站者自然也加入该计划中，并且立刻返回其父出生的村子，拍摄采访村中老人（包括依然生活在村子里的爷爷）的"三年饥饿"记忆。她的第一部影片《自画像和三个女人》虽然涉及的是自己的青春成长记忆，是一种个人记忆，但民间记忆应该是无数个人记忆的集合，所以这部片子和邹雪平的《饥饿的村子》，是民间记忆计划开始之年，来自年轻参与者的最初影片之作。

重要的是，作者随后继续与民间记忆计划同行，并返回村子，采访老人，为"三年饥饿逝者" 统计信息，立碑募捐，直到最后立碑完成，这一行为从2010年夏天持续到2012年冬天。章梦奇三次回村，因采访进入一户户老人家中，不可避免地卷入村子现实，其身份也由一个外来者、被隔绝者和被拒绝者逐步转化，并引带出新的情感、新的故事和体验，从而使“自画像”这一命题被延伸到一个现实中的村子。她之后创作的两部片子《自画像：47公里》和《自画像：47公里跳舞》在继续着她的“自画像”系列，也在证明着作者在现实中的逐步探索。

●《治疗》：回忆母亲及残酷青春

回昆明，我去了趟尚义街6号的老房子，在文化宫广场后门那条街上。老房子是我母亲的房产，20世纪40年代盖的。1957年，我一岁不到，在这个老房子和这条尚义街生活。后来，上的崇文幼儿园，走路两分钟；读的明通小学，走路10分钟；初中和高中都是昆六中，走路5分钟。

我在尚义街6号老房子一直住到1988年，32岁，才离开云南去了北京。这30余年中，我离开尚义街6号时间长的有三次，一次是1969年，13岁，随母亲下放“五七干校”，一年多后返回；第二次是1974年，18岁，到农村当知青，4年后返城；第三次是1983年，27岁，我从任教的昆三中自动离职去新疆的一个牧场中学教了一年多书。

之所以提到尚义街6号这座老房子，是和我正在剪辑的这个叫《治疗》的片子有关。

2000年前后，我回昆明，在城外买了房子，接母亲过去住，之后这个城里的老房子就一直空着。2007年夏天，88岁的母亲去世。料理完母亲的后事，我回到尚义街6号老房子找18年前去世的父亲的墓穴证，以便去墓地给父母安排合葬。

我是带着摄像机回去的。我有几年都这样，不过摄像机只是“影像日记”，或者更确切地说是“流水账”一样的记录，当然这也依心情而言。2007年夏天回尚义街6号老房子，是其中一次。为什么想起带摄像机？我回忆当时大概是觉得我只在18年前安葬父亲时看过墓穴证，之后再没见过，也不确切放在什么地方，印象中是放在母亲一个专门搁照片和信件的抽屉里。我想记录下找墓穴证的这个过程，但完全没想过这些镜头以后会怎么用——剪辑《治疗》这个片子是两年多以后的事。

我有近两年没回来过，门锁已经生锈，死活打不开，只能去街上叫了个修锁的师

《治疗》剧照——母亲的老照片

傅来开锁。我的镜头就从这里开始。天已黑，撬开锁，打开灯，却没电，大概是因为常年没人住被掐电了。我只好找看院子的人借了个手电筒，借着电筒光开始找。在母亲的抽屉里，我看到一些母亲的老照片，都装在一个旧相册里。这些老照片我很熟悉，是母亲摄于20世纪20年代的幼儿期和30年代的少女时期。照片上的母亲来自旧时家庭，穿旗袍、烫头，优雅，别致。然后，我又看到一些信件，其中有我写给母亲的，也有我在各地旅行时寄来的明信片。

父亲的墓穴证找到了，但镜头没有就此停下，我还在找，在抽屉里翻出母亲的其他遗物：20世纪50年代的工作证、毛主席像章、旧粮票……我的镜头离开抽屉，转向母亲屋里其他地方：一个老式双人木床，床头印着一排字"云南省食品公司"，这是母亲曾经工作的单位；墙角是一台华南牌缝纫机，我记得这是20世纪70年代初买的，它和父亲的手表、自行车组合成我家当时的"三大件"；我在柜子上发现我写的两本书——《流浪北京》和《革命现场1966》，90年代台湾出版，出版后我寄给母亲。翻开《革命现场1966》，扉页有我的字：

> 妈妈，我写的这本书，有您和三个姐姐以及我们一家过去的生活。送给您此书，以此纪念。儿文光。1994年7月2日

我的镜头还在移动，出了母亲屋子，去到我以前住的屋子，一些书、信件、照片……屋里的黑暗，灰尘的味道，镜头跟着手电筒的光线移动。在客厅里，镜头移向墙上的钟，它居然还在走着！7年没人在这里，它还在保持运动。

两年多后的2010年1月，我开始剪辑后来定名《治疗》的片子，这些镜头被用在影片开头段落。

母亲去世两年多的这段时间里，一个挥之不去的念头总是萦绕心间，催促着我该做点什么，对某种情结做个了断。我想做个有关母亲的影像，这是初衷。我重看影像素材库所有母亲的镜头，最早是1998年拍的，很随性，有些还是买了新DV机试机器时留下的，都是母亲很生活化的镜头。

开始，我不敢直面母亲生前的这些画面，因为看着就揪心，想掉头跑掉。慢慢地，忘掉母亲已不在人世的事实，然后就有了和母亲再次相守的感觉。在10年零散记录母亲的这些画面中，一些早已忘掉或之前没怎么留意的细微之处重新呈现出来，一些往事也涌上心头。

重新面对母亲的这些鲜活影像，我突然发现，一个已经离开的亲人的动作、语言、表情仍是那么熟悉，仿佛她一直生活在我身边，并未走远。我还发现，做这个影像作品不仅是记忆和纪念，也是一次我和母亲重逢并再次厮守的过程。

我从出生到中学毕业下乡当知青，18年里一直和母亲在一起。在这18年中，父亲缺失了10年。我10岁那年，即1966年，“文革”开始，父亲被送到单位农场，10年后回来。这期间我和父亲只见过几次面，相处很短。18岁以前，我的少年和青春成长记忆主要和母亲有关，丝丝缕缕缠绕一起。

做这个影像的另外一个动机，是这些年我尤感需要自我治疗。有关母亲和自己的成长记忆，像手术刀一样切开藏于我内心的“肿瘤”。

剪辑顺着这条线索进行：母亲—医院—治疗—我的革命青春记忆—自身病症—疾病与死亡—自我治疗。

剪辑过程中，不断有新想法突然蹦出来，代替原来觉得不错的想法，思路不断被改

《治疗》剧照

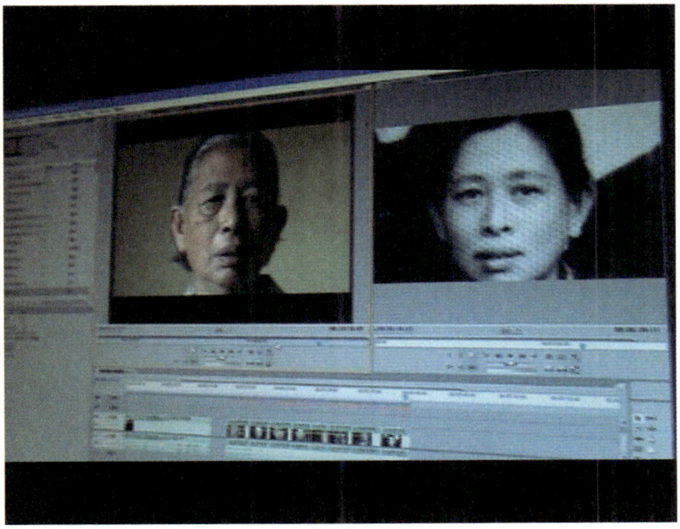

变；有时候早上醒来，忽然觉得应该补拍一个什么特别的镜头，或是对着镜头讲些什么……似乎总有人在暗中招手，诱惑我步步往前，但前面是什么，依然模糊。

这种剪辑经验我从未有过。我一直不确定到底要剪辑出一个什么样的片子。“不确定”，是太多东西在内心涌动，那些往事中无数的琐碎细节，那些徘徊难解的情绪，在寻找排泄出口。从硬盘中1998—2010年间数百小时的真实影像材料里，我渴望找到翅膀，渴望想象飞翔起来，渴望天马行空。

2010年初，剪辑尚未结束，我又回了一次昆明，去了老房子所在地——尚义街。这条街正准备拆迁。昆明要建地铁，尚义街是计划中的一个地铁站，周围上万平方米都要拆迁。很快，尚义街6号就将从地球上彻底消失。

我回去时，这条老尚义街还在，门牌从1号排到8号，其中5号和6号之间夹一个公共厕所。我还进了4号和5号小院，狭窄，昏暗，一股霉味，楼梯踩上去吱嘎响。40年前，我和这条街的男孩子一起玩“躲猫猫”“打死救活”“斗鸡”等游戏，蹲在街边赌香烟壳、玻璃弹、豆腐干、子弹壳，讲鬼故事，把电影《地雷战》里的音乐填词唱成“松井的亮蛋滑溜溜滑溜溜”。其时是“文革”期间，我的少年和革命无关。之后我上中学了，要“学好”，要进步，要积极入团，并爱上篮球和诗歌，就和这条街上的男孩疏远了。

我拍了这条即将消失的尚义街，给它留下最后的影像。我在20世纪80年代时期的文学朋友于坚有首著名的诗叫《尚义街六号》，写了80年代初我们这些文学青年。诗的结尾是：“在别的地方/我们常常提到尚义街六号/说是很多年后的一天/孩子们要来参观。”不久，可能“孩子们要来参观”，参观的是可能很现代的昆明地铁文化宫站。

片子最后剪辑完成是在昆明。我待在城外新居，窗外远处是昆明老城，更远处是被称为“睡美人山”的西山。往事一幕幕涌上心头。一个多月的剪辑，仿佛是在和去世两年多的母亲继续相守：母亲在看报，讲父亲1966年以后每月汇20元做我的生活费，讲她生我那天晚上的疼痛（这是1998年和1999年的镜头）；母亲在沙发上发呆，睡着了（这是2006年，母亲去世前一年的镜头）……母亲还活着，和我相依为命。

影像进行中，一些有关或无关的画面顺势加入：母亲幼时到临终前的照片，那是她88年人生不同时期的定格；一座搬空等待拆迁的老楼，那是2006年冬天我在天津无意中拍下的画面；尚义街6号老房子的旧物寻找；草场地2008年夏天的一场暴雨和2009年冬天的一场大雪；我的一次“吃卫生纸”的行为和一些身体动作，那是2009年在排练场和演员排练《治疗》时，我的即兴练习动作记录和排练场景……

还有，我在看报，在发呆，在电脑前剪辑，在镜头前自述和母亲的一段往事，以及我的内疚和悔恨……

还有我的青春记忆，那些我16岁至22岁写的20多本日记和诗歌，那些非常“革命”的感情和语言，是我当年充满共产主义热情，歌颂毛主席和雷锋的丰富的“精神史”。这些满篇理想、空洞、没有个人，甚至连闲话都没有的“革命青春证据”，在40年后被慢慢打开，暴露在镜头前……

还有我的一些声音，那是2009年我在录音棚的一次即兴发挥，从我对医院的印象说起，说到病，说到死……

还有，影片的结尾是我的一首诗，这是我和诗歌情人告别近20年后的第一次重逢。2002年，我在哥本哈根机场候机楼稀里糊涂写下这些句子：

> 在众人打盹儿的时候，什么都拦不住了，向你飞去……渴望向你飞行啊，只是飞行，没有终止的飞行，想象中开始，想象中继续，然后死在想象中……

就这样，来自12年间的影像、声音和文字被装进80分钟的片子。组合，打断，延伸，切入，转换……移动鼠标，摁着键盘，我在做着这些动作。我眼睛盯着画面，思绪却在远处。这时我觉得自己真的是一个作家，在用影像写作。

手术刀在划开，自我治疗进行中。创作是一次渲泄，也许还是一种治疗。片名也在剪辑过程中确定，叫《治疗》。

（本文图片由作者提供）

卷六 观展

远离城市高楼的「宏大叙事」。竹建筑里寻乡愁

坂茂和他的低姿态建筑

徐佳和
伍忧

远离城市高楼的「宏大叙事」。竹建筑里寻乡愁

徐佳和

乡村，是这片土地上每一个离开了它的人的心结。2016年，在浙江省龙泉市宝溪乡举办的竹建筑双年展上，11位来自世界各地的建筑师聚焦浙南山村，构筑起了一个当代乡村，令我们看到了被激活的乡村建设的新途径。

竹建筑双年展

在2015年的巴黎气候大会上，作为与会建筑师，来自德国的安娜·海瑞格（Anna Heringer）在会上的发言着重介绍了在中国宝溪乡已经进行了近三年的竹建筑双年展。她说：“为了持续稳定的发展，自然材料的使用至关重要。在我们的印象里，‘竹’是不是天然建材的最佳选择，必须通过事实去证明。因此，我们需要像双年展这样的试点项目，来证明在当代建筑里，竹的结构性能就如同其独特的外观一样出色。”

安娜在此双年展上的作品是设计酒店和青年旅舍。三栋建筑外形的灵感均

双螺旋石拱桥
设计师：葛千涛

建设中的设计酒店和青年旅社
建筑师：安娜·海瑞格

来源于龙泉青瓷的造型，材质则基本使用了天然建筑材料——当地的土、河床中的卵石和山上的竹。她的发言让宝溪乡完工在即的竹建筑群链接到世界舞台，宝溪的名字突然就从山幽涧深中走了出来，从云雾缭绕中清晰起来。

宝溪乡位于浙江省最南端的龙泉市西陲，总面积148平方千米，区域内竹木茂盛，山高涧深，是瓯江、钱塘江和闽江的源头。走进它的历史深处，龙泉青瓷文化脉络由此而绵延，11座古龙窑安卧于山峦溪水之间。进入宝溪所必经的盘山公路，崎岖迂回，令初入此地的城市人发怵。交通的不便和当地希冀的“发展”形成一个悖论，若没有山高水深的天然屏障，也许隆隆而过的城市化车轮早已无情地将此地依水而建的村落与龙窑碾作千人

国际竹建筑双年展项目地俯瞰

一面的村庄，成为凝结在钢筋水泥马赛克上的、囿于对城市想象的固化建设形态。

2013年8月，首届国际竹建筑双年展在宝溪乡溪头村正式打下第一桩。策展人葛千涛反复强调，“场所精神，乡土建设”是这届国际竹建筑双年展的主题，其理念是以建筑艺术的形式，探索未来中国乡村可持续发展的路径。参加双年展的建筑师包括葛千涛（Ge Qiantao，中国）、国广乔治（George Kunihiro，美国）、李晓东（Li Xiaodong，中国）、杨旭（YangXu，中国，1967—2015）、西蒙·韦莱斯（Simon Velez，哥伦比亚）、安娜 · 海瑞格（Anna Heringer，德国）、马儒骁（Mauricio Cardenas Laverde，意大利）、隈研吾（Kengo Kuma，日本），前田圭介（ Keisuke Maeda，日本）、 Wise建筑事务所（Wise Architecture，韩国），Madhura Prematilleke（斯里兰卡）、武重义（VO Trong Nghia，越南）。[1]这11位建筑师的创意，构筑起了一个以竹为载体的社区，其中有当代青瓷艺术馆、竹产品设计及研发中心、陶艺家工作坊、公共陶艺工作坊、水碓（瓷土制作体验馆）、青年旅社、艺术酒店、设计酒店、低能

1 建筑师排名按照国家英文拼写首字母，前两位是策展人。

耗示范竹屋和接待中心等共18座单体建筑。

2015年底，竹建筑双年展的所有作品初具规模，2016年9月项目正式开幕。每一座建筑几乎都能使你头枕溪水，放眼望去便是山间缭绕的云雾。我作为澎湃新闻记者多次走访宝溪，被深山里的艺术传达深深震动。

一个念头的产生

与宝溪的相遇，是2008年上海春季艺术沙龙创始人之一的葛千涛在做陶瓷博览会时的“副产品”。龙泉市拥有被联合国教科文组织列入《人类非物质文化遗产代表作名录》的龙泉青瓷，龙泉瓷是全球第一也是唯一入选的陶瓷类项目，且龙泉所辖的宝溪乡溪头村尚有7座烧制龙泉瓷的龙窑，虽历经百年仍在延续生命，每年几度以柴薪点燃熊熊炉火，传承祖先技艺。葛千涛专门带着陶瓷艺博会的人来此，与时任宝溪乡党委书记的周义泉互相留了电话。“那时还没有想法，整天和葛千涛混在一起。之后每年，葛千涛都会来，但他只是反复提醒说要把卫生搞好。”周义泉现在已不复担任宝溪乡党委书记，他回忆起与老葛的合作，每一个细节还历历在目。当建筑师杨旭随同葛千涛一起来访，竹建筑的想法也来了。漫山遍野的毛竹，是当地的特产，也是取之不尽的建筑材料。双方在此一拍即合。紧接着，亚洲建筑学会主席国广乔治也参与到策展当中，并带来了许多国际建筑师。

国际竹建筑双年展国际论坛在接待中心举办

“宝溪乡虽然地处偏远，却保持相对完整的人文习俗，约定俗成的村规民约。经过乡政府近几年的努力和乡民的认同参与，村容村貌开始变得整洁。共识、参与、认同感，是确保项目可持续的关键词。”葛千涛说。

周义泉在其中起到了一个重要的推动和纽带作用。他每回到上海，都会找葛千涛和杨旭坐一会儿，聊一聊关于竹建筑的想法。如果没有周义泉的坚持，葛千涛能够与龙泉市政府谈成合作并把项目落地在宝溪乡的可能性会渺然许多，沉浸在千头万绪里的葛千涛也许会错过这次与宝溪的竹和山水相遇相知的机会。

起源于陶瓷的缘分最终落在了“竹”上，两者都是中国的传统，一个是技艺，一个虽是植物却是一份存在于文人笔墨下的精神寄托。

一个全新的课题

葛千涛认为，在竹建筑双年展项目中，最大的困难莫过于未来呈现的竹建筑对建筑师和全情投入的当地政府而言都是一个全新的课题——从投资标准到建造标准都无法找到参照体系。从项目的形态多样化来看，艺术双年展看似单纯，但也不尽然。以已知的其他以西方为主导的建筑双年展为例，展出的基本都是模型，或是小型的试验建筑，而不是可以真正投入使用的实用建筑。“比如威尼斯双年展也是放在盒子里，以模型和学术型的文本设计稿为主，在小空间里做的建筑试验。”葛千涛说，“但竹建筑双年展是一个建筑实践，是根据当地的地形和材料做出的在地的双年展。”

任何展览作品若与场所不契合，注定会失败。竹建筑双年展自始至终都在强调“在地性”，即因地取材，以竹材、石材、夯土、垒石、瓷片为媒介，采用乡民所熟悉的“低技术”进行“可持续的乡土建设”。其意义还在于，从这样的双年展中能够非常直观地看到不同材料应用后在自然环境中的变化、动态和发展，包括竹子作为建筑材料的防腐、防蛀、防霉处理，以及夯土建筑承重的拉拔测试，能不能经得起时间的检验。“这个过程中的学术实践超越一般意义上的学术性，因为它是一个在地的学术，无论是研究夯土还是研究竹的学者，都能在动态中看到它们的未来。”葛千涛说。这样的未来，也许对于中国乡村建设来说可以成为范本，或者是乡

接待中心
建筑师：武重义

土建设寻找的一种路径和方法。

从2013年8月工程开工到2016年9月开幕，历时三年的双年展，无论将竹以片状、块状、弧度，或其他任何现代手法设置成可能的形态立于涓涓溪流之上，都改变不了凝聚在竹身上的精神特质。而竹建筑双年展的初创者之一杨旭，却已经在建筑的过程中因病离开人世，以另一种灵魂存在的方式，关注着竹建筑的生长和改变。

杨旭设计建造的两个艺术酒店是最早动工建造的。一栋沿溪而建，意为“水间”；另一栋建于田旁，背景映衬着层层叠叠的农田，俯视而看如同四瓣花，意为“花间”。进入“水间”，会发现其中每个房间的水平面位置都不一样，沿楼梯盘旋而上设置，每一个拐弯处都是一个可以望见田野的空间。“水间”的灵感来源于龙窑整体形状的倾斜向上。从远处看来，建筑并不能以规则形状来形容，杨旭设计的建筑空间如同迷宫般出人意料，不难窥见建筑师喜欢丰富的建筑内部空间的心；但其整体却可以看作一个青瓷器皿，墙上开出的窗户每一扇都不一样，呈龙形盘卧其中。“花间”坐落于田旁，内部不同方位的房间也有着不规则形状，俯视如同散开的花瓣；每个房间都有大小各异的窗户，站在各扇不同的窗前，向外眺望，可看到不同的景观和范围。如何让建筑在有限的空间内达到视野的最大化，“花间”提供了其中的一种可能性。

行走于“花间”与“水间”，环顾四周便会发现一个有趣的细节：当地烧制青瓷时装载泥胎的匣钵在多次进窑烧制、完成使命后，通常都会被丢弃。凭着对陶瓷文化的热爱，杨旭在这个器物上发现了新的可能性。经过对其进行不同形状的切割、排列、组合，最后这些匣钵被切割成三片，组成了墙体，安置于此。这些经历过三五次龙窑内部熊熊炉火烧灼的匣钵，带着淬炼时渲染上的一些釉色，在阳光落到墙体上的那一刻，反射出淡淡的光泽。光线丰富又带着些许温度，仿佛是建筑师与领略到这番匠心的来者之间的会心一笑。

艺术酒店（水间）局部
建筑师：杨旭

后面的建筑为艺术酒店（水间）
建筑师：杨旭

艺术酒店（花间）
建筑师：杨旭

与“花间”“水间”相隔不远，德国建筑师安娜设计的三幢建筑则拥有圆润流畅的线条，墙壁均由60厘米厚的夯土构成，以保证冬暖夏凉。从技术上来说，用夯土建造圆形的建筑形态是很难的，安娜设计的建筑为整片夯成，没有接缝，下面垒石，上面夯土，这无疑又是一种挑战。

更令人称奇的是，三层楼六个房间全部悬挑，这就意味着螺栓打进去之后都要做拉拔测试。圆形的中间部分作为公共空间，以双螺旋楼梯向上；房间贴上半透明的特

设计酒店和青年旅社
建筑师：安娜·海瑞格

制膜，可以想象，入夜时分，房间里的灯光会使整个房间从外部看来如同宋代高悬的灯笼，人在其中影影绰绰，分不清是古代还是现代，令人一时迷惑。到达顶楼，抬首就是被竹子隔开的天空。天空被竹子隔成了一个帐篷，又毫无保留，仿佛整个天空只属于一个人。阳光下，竹子的投影则是另一种视觉感受，仿佛想象力可以无穷扩展。

用葛千涛的话来说，这三幢青年旅舍的建造，用的都是低技术。安娜的作品——在孟加拉国用夯土与竹子做的学校，也是低技术建筑。低技术是她的哲学，也是她要终身尝试的。

而日本著名建筑师隈研吾的作品是青瓷艺术馆和一个小公厕。公厕采用当地的重竹建造，利用竹的叠加和错位构建出一个有机的结构，其间隙的尺度和距离设计得十分微妙。葛千涛慨叹，这两幢建筑非常难做，耗时耗力，基本靠匠人手工制作，几乎没有大型机械生产的内容。

一种亲密感的建立

从杨旭、安娜和隈研吾身上，可以看到葛千涛对参与建设的建筑师的选择有他自己的考量。“一般热衷于在城市中投入太多精力的建筑师可能并不愿意来参与这样的小项目。”在建筑师的职业领域，宝溪的这些建筑都是小建筑，但小有小的魅力，尤其在中国的城镇化发展建设中，需要的可能是更多的小建筑，而非城市中的“宏大叙事”。

“巨大的建筑给参观者以压迫感，将参观之途视为畏途。不少大型建筑奉行的是暴力美学，就好比将中国的榫卯结构做成了钢结构，并且放大了几十倍，如此折腾榫卯的工法还有意义吗？其美学价值又从何说起？”葛千涛考虑更多的是聚落的形态，社区之间人和建筑的关系，建筑和建筑的关系，以及人和空间的关系。“建筑一定要有亲民感。”葛千涛说。竹建筑双年展之所以提出“场所精神，乡土建设”的主题，源自中国新农村建设正在出现的“标准化”趋势。这种现象令人担忧。即便是上海这样的城市，也能明显地感觉到其鲜明独特的“场所精神”正在不断地流失。在升级或新建的区域——西岸、临港……我们感受到的并非所熟悉的城市生活，而仅仅是宏大的叙事。

陶艺家工作坊
建筑师：前田圭介

而上海的“场所精神”是什么呢？让我们从淮海路步行至永福路、武康路，从高邮路经过兴国宾馆至华山路，并由此展开它的环境意象：在这一片区域，每一段路程都不超过100米，浓荫下的“走廊”宽度一般在6米以内，由此形成了我们所熟悉的客体——上街沿的梧桐树、竹篱笆、花园、围墙、栅栏、藤蔓，还有触手可及的光影，以及街边的画廊、花店、面包房、咖啡馆和定制店……这一切组成了我们所熟知的生活场所。又比如在复兴路，沿途有上海文化广场、上海大戏院、上海交响乐团音乐厅、美术馆、创客空间，其间穿插各种小商铺，其自然形成的日常生活环境品质便是场所精神最好的诠释。

一旦艺术与生活相隔离，缺乏鲜活的生活场景，那么艺术还有什么意义呢？尽管黄浦江西岸美术馆林立，但每次看完一个展览，已经没有足够的动力再走向下一个展馆：除了馆与馆之间相距甚远，周边那些并非在地，也缺乏公众参与的“公共艺术”令散步显得乏味。更不可思议的是，在这里几乎看不到餐馆、咖啡馆、超市。你可以想象入夜后西岸的街区，除了寂寥还有什么？庞大的建筑、宽阔的车道、“整齐”的景观……它的存在与“宏大”让我想起了那个“被规划”但不被认同的巴西新都巴西利亚，而人们喜欢里约热内卢的理由很简单：好玩、丰富。人与人、人与物之间的纽带，是视觉、听觉、触觉、味觉，是一个城市的方向感、存在感、认同感，它让人追随。

一些乡村观念的改变

以前宝溪乡的龙窑几乎处于断烧状态，自2009年葛千涛和国际陶瓷协会一行几百人来此参观后，延续了几代的龙窑才开始真正被当地政府和陶艺家关注。2013年，随着国际竹建筑双年展的建设，“不灭窑火”计划启动，即从2016年9月双年展开幕到2017年年底，计划共烧16窑。“竹建筑”叠加“龙窑烧制”已成为“宝溪现象”。越来越多的人从世界各地来到宝溪，了解一个地处偏远的中国乡村如何在传统文化上注入新观念，从而进行一次伟大变革。“乡村的国际化，从本质上吸引世界各地的人来游学，到这里来感受青瓷，感受文脉，感受小建筑，找到另外一种可能性。施工队在学习，当地人在学习，政府也在学习，慢慢慢慢理解我们的项目。”葛千涛说。这个由当代建筑艺术开始的“乡土建设”，使一幢幢风貌各异的竹建筑在争议声中“在地”生长，而随着来宝溪参观的人日益增多，曾经的质疑也转变成了期待和希望。

传统青瓷作坊
建筑师：国广乔治

建筑师、艺术家、设计师来了之后，新观念也随之而来。他们可与当地掌握青瓷烧制技艺的村民形成良性互动，增进交流。设计师设计器型，当地人则可以根据设计创新工艺，创造属于宝溪乡的当代青瓷文化，使乡村产生活力。而竹建筑双年展倡导的升级版的“低技术”融入本地，当地掌握夯土、垒石技术的工匠，可以直接参与到建设中，创造当代的乡村历史，而如果建造中大量采用城市高新机械技术，当地人的参与就无从谈起。“这是政府项目，政府的投资，如何让当地人分享红利，获得利益，最直接的方法就是让乡民参与建设。”葛千涛说。与此同时，他还在村头巷尾的公共空间做了大量关于竹建筑双年展的介绍，其中包括对参展建筑的详细说明，让每个参与建设的当地人都清楚地了解双年展对宝溪的未来发展意味着什么，“我们就是播种机、宣传队”。

在葛千涛和建筑师们的不断影响下，现如今，溪头村的马赛克墙面几乎全被铲除，取而代之的是竹木板和青砖，在浙江乡下常见的耸立在屋顶的电视信号接收器在此也踪迹全无。溪岸上，随处可见用朽木挖成的花盆，摇曳着不知名的花草，无法知晓出自哪位村民之手。本地村民通过参与双年展的建设，开始了解“设计”，他们在改建民宿时，也会与葛千涛探讨当地材料如何结合低技术建造房屋。杨旭在“水间”设计中采用匣钵做建筑的外立面，其所传递的独特质感触动了当地乡民，当地多家民宿也开始借鉴杨旭的手法，将废弃匣钵做在民宿的立面或茶室。

陶艺家工作坊　建筑师：前田圭介

与此同时，葛千涛和刘志勇老师将广州美院的毕业设计课程安排在宝溪，设计主题为“同心·共筑”。同学们的思考范围从龙窑博物馆民宿到村里老人和孩子的互动空间“桃林小岛”，而枫树潭民宿的改建方案也出自学生的创意与设计。通过点点滴滴，宝溪在发生着悄然改变。从一开始的质疑声，到4年后的强烈认同，村民们如今都将葛千涛看成造福宝溪之人，与他相处得自然亲切，在他晚归时，会煮好酒酿鸡蛋等着他。因为这个项目，葛千涛成了宝溪人的好朋友。

当地人金朝军外出多年，因为竹建筑双年展的影响力，决意回到宝溪乡经营龙窑民宿。他自谦“我们是跟在后面走的人”，他告诉我，若没有竹建筑双年展给家乡带来的发展，自己现在还在云南从事酒店业。他早年离家，在上海待了9年，又被“西北风”刮走，转战云南。一天，电视新闻上播放了竹建筑双年展和龙窑青瓷的报道，身边一个天津的陶艺师提醒他：“你们家乡本来就有个金饭碗，你干吗还要跑到云南去讨饭？”他回头想想很有道理，于是毅然决然回到了家乡，和哥哥金朝荣，以及姐夫金学奇一起开了一家民宿，葛千涛还为他们的民宿取了一个易记好听的名字——“古窑里”。如今这个以龙窑为文化载体的民宿常常一房难求，金朝军戏言“民宿的被单总是来不及晾干”。

如果宝溪乡有越来越多的年轻人也像金朝军一样，回到生养自己的故土，那么竹建筑双年展就实现了真正意义上的成功。

一点感想

梁漱溟说过，中国这个国家，仿佛是集家而成乡，集乡而成国。乡村，是这片土地上每一个离开了它的人的心结。从梁漱溟、晏阳初开始的乡村建设至今，在我国从南到北、从平原到山地的广袤丰富的村落地图上，理应让人们欣然阅读到生机盎然、多姿多彩、与当地绵延的传统有传承有关联的乡村社会全景图，而非整齐划一、千村一面的固化建设形态。

在宝溪，我们看到了被激活的乡村建设的新途径。山间自由生长的竹和经历烈火淬炼的瓷，既是村民们的生活出路，也是他们的精神出路。

溪宽50米，溪上一座桥，桥的这一端是宝溪乡溪头村，而桥的另一端则是一片竹建筑社区。这条曾经的浙闽古道，因为竹建筑，成了宝溪连接世界的桥梁。竹建筑

低能耗生态竹屋
建筑师：马儒骁

餐厅
建筑师：Wise建筑事务所

创空间
建筑师：李晓东

精品酒店
建筑师：西蒙·韦莱斯

双年展的16幢建筑，沿河驻扎，背倚层峦叠嶂的青山，与村民的居住区隔岸相望。这边厢的村民日日与之抬头不见低头见，一座龙窑依山而起，黑色的泥瓦屋顶下，两边堆满攒了好几个月的柴薪，毛毛砾砾的，如传说中的龙身上竖起的鳞甲，与竹建筑群在颜色与形状上形成了古时与当下、泥土与城市互相映衬、互相观照的观感。身处其中的各方——村民、建筑工人、规划方、设计师、投资的政府，让我们看到了一场正在发生的乡建，聆听项目中的各方声音，以及建成后持续发酵的“续建”。

在中国乡建的历史上，许多人曾经认为在中国乡村，传统与当代文化难以产生共鸣，然而在宝溪，当我们心存敬畏地除去蒙在其表面的尘埃，却惊喜地看到，曾经的历史文脉都在，其肌理依然清晰，而如何使之焕发新的魅力，关键还在于改变城乡二元结构突出的问题。在乡土建设的过程中分享经济的同时分享文化，通过实践证明“艺术前线在乡村”已经落地生

双螺旋石拱桥
设计师：葛千涛

根，成了一种国际上公认的艺术“在地”的现象学。在中国的偏远乡村举办永不落幕的建筑双年展，其所带来的思考、想象，对所触及的领域产生的影响极为深远。传统与当代文化的叠加效应在宝溪开始持续发酵，伴随着其影响力，落成后的竹建筑给当地人带去了自豪感，也让他们产生强烈的认同感、归属感，他们开始学会用文化讲龙窑的故事。宝溪因文化而改变，因文化而致富，也因文化而自信，翻开了历史新的一页。

“让宝溪告诉世界。”很多年前葛千涛如是说。今天，这一切都得到了印证。

（本文图片由竹建筑双年展策展人葛千涛提供）

坂茂和他的低姿态建筑

伍忱

坂茂于2013年设计建造的纸板大教堂，位于新西兰基督城

建筑师坂茂

2017年10月的一天晚上，我徘徊在上海当代艺术博物馆（以下简称PSA）三楼小剧场旁边的走廊上，等待一位熟识的工作人员领我混进小剧场里去听即将开始的《让建筑创作与社会贡献并存——坂茂建筑讲演会》。讲演会的门票在博物馆官方预约通道开通后的几分钟内就被抢光，我手慢了；据说后面又有一次名额追加的机会，我仍然没抢到。而在这之前，坂本一成、伊东丰雄、伯纳德·屈米在PSA的讲座门票也是短时间内被一抢而光。来的大都是年轻人，他们成群结伴，为了一睹大师风采。讲演中途他们会发出阵阵笑声，因为被坂茂的幽默所打动。讲演结束后，年轻人向坂茂提了几个问题，显然他们已经对这位建筑师的设计做过透彻的研究，所以问题都非常具体，比如，坂茂在设计中常常对内外空间的界线做虚化处理，会大面积使用到玻璃、可活动的卷帘窗格等，那么他是如何考虑建筑内部的私密性和保温效果的？坂茂的设计里常常会用到纸质、木

「坂茂建筑展——建筑设计与救灾项目的共存」展览现场，上海当代艺术博物馆

质、竹质材料，它们看上去似乎没有混凝土那么坚固可靠，那么他是如何说服业主采纳这些设计的？……

没有到过讲演现场的建筑圈内人士，光听这些问题大概就能猜出提问的对象是哪位建筑师。

坂茂鲜明的设计风格来自他对西方现代主义建筑经验和日本传统建造思维的糅合，这种糅合在其长达30多年的学习和实践生涯中水到渠成，并非刻意为之。很多人在提到坂茂时都会称他为“救灾建筑师”，其实他本人对这个称呼颇感无奈，尽管他这些年做了大量的救灾项目，但作为一名建筑师，他并不想被贴牢这个标签——建筑应该意味着更多的可能性和勇敢的尝试，他也很喜欢设计快乐的建筑，在世界各地做有意思的项目。救灾庇护所是他工作的一部分，是他的设计责任感在社会领域的延伸。

坂茂幼年时就已经立志要做一名建筑师，高中时偶然在杂志上读到美国建筑师约翰·海杜克的文章，印象深刻，因此决定前往美国学习建筑，并于1977—1982年先后就读于南加州建筑学院和库柏联盟学院。

坂茂在库柏联盟学院就读时，接触到一些颇有特色的课程，对他之后的设计影响深远。建筑基础教学课要求学生们通过立方体、方格网络、框架进行空间观察和试验；当时五年级的学生必须要做诗歌作业，每周创作一首诗。在这个过程里，坂茂逐渐领悟到建筑的奥义同诗歌非常接近。“诗歌的创作某种程度上也是结构的有机搭建——从最小单位开始，选择并安置那些语词，某些地方需要反复、叠加，某个地方又被赋予多义性。建筑不也是如此吗？”他在一篇自述文章里这样写道。在库柏联盟除了诗歌练习，对于历史的阅读和分析也是建筑必修课之一。因为面对过往大师的作品，得先从时间维度上进行历史语境的讨论才能顺利进入对空间维度的理解。约翰·海杜克独特的教学理念影响了坂茂之后的建筑实践。从他早期一些作品中可以明显看出老师的影子，例如1986年的Villa TCG、1987年的Villa K，以及他受母亲委托所做的项目“三间墙工作室”，都可看出坂茂延续了约翰·海杜克对于“墙体”这个建筑词汇的思考——墙体本身也可以成为独立的形式要素。以往大多数建筑里，墙体都是被弱化为结构支撑的一部分，而坂茂有意让墙体打破立面和屋顶的限制，在高度和宽度上延伸出去，从而使墙体积极地介入空间的营造。

获得库柏联盟建筑学位之后，坂茂回东京开设了自己的事务所。他一边经营业务，一边研究过往大师的设计脉络。坂茂认为，建筑永远是对具体问题的具体回答，形式无须冲在前面，悬而未决的问题才能引导设计步步前进。人对建筑的使用某种程度上也可以看作是一种交流，建筑师最好能从这种交流中发现一些小疙瘩，然后解开它们。在成蹊大学图书馆项目中，坂茂以声音为角度切入建筑内部的空间划分。通常，图书馆都要求人们进去之后保持安静，但是现在大家都随身携带手机和电脑等电子设备，不可避免会发出声音，况且人们在图书馆里也无法做到完全杜绝交流，于是为了让更多的学生愿意去图书馆，坂茂设计了一座允许发声的图书馆。按照“音量大小”依次有：允许正常说话的空间，可以小声说话的空间，允许讨论问题的空间，完全安静的、私密的、读者自己可以调节灯光和暖通的空间。由此，把强加给建筑使用者的规则（保持安静）转化为建筑本身的功能性空间区划，从而解放了建筑里的使用者，使每个人都能根据自己对阅读环境的需求选择不同的空间。

无论是“解放”墙体概念，还是“解放”建筑里的使用者，可以看出，自由是坂茂对于建筑的一种追求。为了打破实体空间的禁锢，消解建筑内外的界线，虚化结构对体验的干扰，他一直在大胆尝试各种材料和形式。比如，“家具屋”系列住宅提供了一种新的居住建造模式，坂茂以预制的家具系统为主来承担住宅内部的结构支撑和空间区划，在搭建上省时省力，建造成本低，而且空间利用率很高。“幕墙之家”（Curtain Wall House）则是对密斯的“幕墙”概念的有趣转译——密斯的“幕”是玻璃材质，而坂茂把“幕墙”还原为“真正的幕布之墙”。巨幅的白色幕布从第三层的屋顶一直垂落至二楼平台，没有实体墙面，遮光性和私密性完全依靠幕布。这个业主原来生活在传统的日式旧宅里，坂茂试图通过这个幕墙来还原旧宅系统里内外空间的模糊性，虽说有一些冒险，但仍然能被业主所接受。在设计公共项目时，坂茂更加注重内外空间的连续性，以及赋予建筑立面可变性，所以他的作品看上去往往姿态轻盈，充满亲和力。他善于利用大面积可开合的玻璃隔断来增加室内空间的通透。也许有人会质疑建筑内部的恒温和隐私是否会受到影响，但是坂茂的看法截然不同。现在的大多数公共建筑，无论是办公楼、学校，还是商场、美术馆，都是封闭孤立的建筑，温度和光线均来自人工调控。而坂茂认为，公共建筑就应该是热情地邀请室外的人们走进来；至于恒温，其实没有必要，一年里大多数时间都是气候宜人的，为什么要紧闭门窗待在恒温的室内？

建筑的开放性是坂茂一直在思考并实践的重点，开设自己的事务所之后，他曾一度对建筑师这个职业感到失望，因为建筑在大多数时候是一种奢侈品，只有上层人士才能消费得起，普通人在建筑面前往往很是被动，毫无话语权。令人绝望的是，大多数普通人其实意识不到这个问题——他们丧失了对空间的认知和自主权，只能花大量的金钱从地产商手中买下千篇一律的套房。由此，坂茂和结构工程师松井源吾

（坂茂重要的合作伙伴）花了大量精力研究低成本住宅方案，希望能通过材料的多样性和推广预制模件来降低建造成本，其中最为人所熟知的就是纸管材料建造的救灾避难所。

坂茂对纸管材料的发现和应用经历了一个较长的过程。早年他给建筑摄影师二川幸夫当助理时，曾给阿尔瓦·阿尔托的建筑和家具摄影举办展览。坂茂被阿尔托的设计打动了，而在这之前，美国的建筑教学系统里并不推崇阿尔托这样的北欧设计师。当时坂茂还在另一家画廊里实习，这家画廊碰巧也给阿尔托做了一个展览，坂茂在布展中首次采用了纸管材料。水琴窑的东屋（1989年）是坂茂第一个纸管建筑作品。48根纸管（每根直径325毫米，厚15毫米，高4米）表面被涂抹了石蜡层用以防水，固定在预制的水泥基座上，等间距围绕成一个非常简洁的圆形空间；屋顶的材料颇有趣——金属丝以轮辐状紧密地编织在一个圆形木框上，形成一张耐压能力很强的网；而纸管的顶部和木质圆框之间用胶性化合物牢固地黏合在一起。这件作品是坂茂用来研究纸管材料各类系数的临时建筑，拆除之后，坂茂和他的小组研究分析了这些历经6个月日晒雨淋的纸管。事实证明，随着时间的推移，胶性化合物的硬化和适当的日晒能够增强这些纸管的抗压力，可见纸质材料并非如我们想象的那样脆弱。

1990年小田原厅的项目里，坂茂以“纸是进化的木头”这一概念向市长推荐纸管材料。他用330根纸管搭建了1 300平方米的空间，内部用了一根直径1.2米的巨型中空纸管作为休息室。坂茂在设计纸管建筑时喜欢把纸管做曲线形排列构成有弧度的立面，通过光影的营造凸现一种微妙而又和谐的美感，同时有意使用S形的外墙走向让内外空间界线变得暧昧不明。

1994年，超过两百万人口因为卢旺达内战而流离失所。为了援助难民，联合国难民署向这一地区提供了塑料板材和铝制撑杆用以搭建临时庇护所。但当地难民却把这些铝制撑杆卖掉，转而去砍伐树枝来搭建房屋。由于难民人数太多，大量的砍伐势必对当地环境造成破坏，因此亟须找到一种替代材料。坂茂在杂志上看到这则新闻，立即打电话给难民署提议用纸管材料，碰巧接他电话的是一个日本人，所以沟通很顺利，建议被采纳，他本人也被聘为顾问参与到援建工作中。他设计了三种形式的庇护所，并通过了耐久度和防白蚁测试。由于纸管材料制作方便，造价低廉，可以就地生产，因此被迅速推广。1998年，50个纸管避难所在卢旺达搭建完成并投入使用。从这次经验开始，坂茂对难民问题产生了极大兴趣，决定长期做一些对社会有意义的项目。他主持了很多援建项目，形成了一套灵活便捷的建造系统，能够适应不同环境下人们对庇护所的需求。

一般来说，灾区援建项目大概分为两类，一类是公共场所的重建，另一类是居民住宅安置。相对于公共场所来说，住宅安置要考虑量产和需求的均衡性。量产是因为灾民人数众多，需要短时间内建造大量住宅单位；需求均衡则是因为每户家庭的人口数量和生活需求存在一些差异，这些量产的住宅需要对这些不同需求进行综合考虑，然后做均衡抉择，将那些必要的需求纳入设计考量。

坂茂很聪明地应对了这两个问题。在2001年为印度地震灾区设计的纸质住房里，每个细节都有因可循，设计中充分考虑了当地的地理环境和气候条件。在其他地区，坂茂常常会使用装啤酒的塑料箱做临时房屋的基础，但是在印度这个地区没有类似的塑料箱，于是他收集了地震中遭到破坏的建筑的残余砖块，做成房屋的基础和地面，并采用印度传统的做法，在地面上覆上泥土。顶棚设计得非常细致精巧——由于竹子在当地是很普遍的植物，他们把劈开的细竹条做成扇形穹顶，顶上用整根竹子作为梁来固定细竹条。顶棚架构好之后，上面覆盖两层当地人编织的藤制毯子，另外由于当地雨水较多，所以两层藤毯之间要覆盖一层透明塑料防水布。顶棚的藤毯编织得较疏松，这样便于内外空气流通，在房子里做饭也没问题，同时又有良好的防蚊虫功能。

虽然纸管住宅足够轻便简易，但在坂茂看来，还是过于复杂，工期较长，因为灾民对临时住房的需求往往非常急迫。在非律宾海啸之后，坂茂又设计了更加简单易用的临时住房。他根据之前在紧急避难所中实施“纸隔断系统”（Paper Partition System，简称PPS）的经验，使用少量的纸管搭建承重结构，用装满沙子的塑料啤酒箱做地面基础，将椰子树和胶合板做成地板覆盖在基础上。房屋的“墙壁”是由竹子编织而成，固定在纸管结构外。屋顶内层是塑料布，外层覆盖棕榈树叶。这样的设计既减少耗材，又缩短了工期，当地圣卡洛斯大学的学生在短时间内就完成了一批临时住房交付灾民使用。

通过参与救灾援建，坂茂发现很多援建力量并不是来自联合国的相关机构，而是来自各个非政府组织（NGO）。联合国难民署通过招标的形式来选择这些非政府组织参与援建。这些组织规模都较大，负责人的来头也不小。而相比之下，日本国内的非政府组织规模都比较小，很难在国际援建事务中与那些大型组织竞争。不过，虽然这些大型的非政府组织能够在世界各地开展相当大规模的救援行动，但仍有少数灾民可能由于各种原因被忽视而得不到及时有效的援助。因此，神户地震之后，

坂茂建立了一个灾区援助网——VAN（Voluntary Architects' network），专门为一些被忽略的受灾人员提供居住方案。随着坂茂援建实践的积累，VAN的名气也越来越大，只要某一地区发生灾难，很快就会有求助邮件发送到VAN的邮箱。例如2016年厄瓜多尔地震后，当地一名建筑师随即通过VAN向坂茂求助。在坂茂到达厄瓜多尔两周后，当地建筑院校和相关部门的专家就组成了一支队伍来协助坂茂开展庇护所的搭建项目。

2017年10月，TOTO画廊·间（TOTO GALLERY·MA）在上海当代艺术博物馆举办了"坂茂建筑展：建筑设计与救灾项目的共存"。策展方在展厅里还原了坂茂设计的若干救灾庇护所的原尺寸模型，比如神户避难所、厄瓜多尔避难所、四川华林小学校舍等，观众们可以走进这些临时建筑，感受建筑的肌理和气味。气味来自纸管、竹子和茅草，正是这些气味把这些庇护所和我们常见的那些房屋区别开来——通过呼吸去感受建筑的温度和表情。这也许正是坂茂特别钟情于尝试各种材料的原因。展厅里陈列了许多竹子和木材搭建的结构局部，有些是作为建筑拱顶，有些是立面，坂茂通过这些细节去表达他对传统建造方法的理解，并把这些技巧融合在现代生活对建筑功能和风格的要求中。这些材料的大胆混搭，形成了坂茂建筑独有的秩序感。在建筑已然沦为奢侈品的当下，当明星建筑师都沉浸在资本和权力的天花乱坠的修辞里，坂茂却一直在用低姿态的设计让建筑回归最初的起点——庇护、有机、民主，与环境和自然共生。

坂茂救灾建筑案例

神户纸教堂，日本神户，1995年

坂茂在上海当代艺术博物馆举办的讲演会上提到这个项目的时候，有听众问他本人的信仰和对神性建筑的看法，以及这些灾区的临时教堂是不是为某个特别的群体所修建。坂茂说，他设计这些教堂的时候并不是特别地针对某个教派的信徒，而是把所有灾民作为一个整体加以考虑，某种程度上他们需要一个庄严的场所来相互支持，度过困境。这样的场所能够给大多数人以心灵上的慰藉，而不是由某个群体独享。

用言辞来表达理念或许是件容易的事，大多数建筑师都能够对自己作品的理念侃侃而谈。坂茂的特别之处在于，他的这种理念并不会止步于建筑实体本身，而是动态

地实现在建筑／建造和使用者之间的交流中。因此，坂茂与这些受灾民众之间的关系远超出那种简单的“捐赠—受馈”模式。1995年神户地震之后，坂茂带领大家建造了这座临时教堂，建造使用的材料由多家公司免费提供，整个建造过程由当地的160名教徒志愿者花了5周时间完成。这些教徒原来使用的祈祷场所在地震中遭到破坏，而他们重修的这个空间却不再仅仅是祈祷场所。坂茂把这个占地150平方米的建筑设计成半开放式空间，屋顶以白色波浪状的聚碳酸酯薄膜作为架构，保证采光。58根纸管（每根直径325毫米，厚14.8毫米，高5米）以较大间距围成椭圆形场地，场地外缘是矩形的半透明玻璃门，玻璃门既可作为建筑外缘的支撑结构，同时又与纸管柱之间形成一个开放的走廊。这个走廊是内外部空间之间的一个缓冲区域，它为人们从外面进入场所提供了一个停留的空间。可见，即使只是一座临时建筑，坂茂也从未草率对待，也不会因为灾后重建

日本神户纸管临时过渡安置建筑模型局部

的狼狈和急迫而将这些细枝末节的体验过滤掉。这座临时建筑成了社区公共空间的一部分，一直到2005年才被拆解并捐赠给台湾埔里，这个小城在1999年发生了大地震。这座教堂建造—使用—转赠的经历也使坂茂意识到即便是临时建筑，只要人们使用它的时候倍加爱惜，它仍然可以像永久性建筑一样一直存续下去。相反，那些只为狭隘利益而建造的房子，即使再坚固，也终有坍塌的一天。

纸管校舍，中国成都，2008年

位于四川省成都市的华林小学校舍是坂茂在中国实施的第一个救灾项目。2008年，由于汶川地震，四川多地小学校舍遭到严重损坏，而当时大多数的援建力量都集中在当地修建临时住宅，孩子们的学习场所没有着落，因此坂茂接受成都成华区教育局的邀请，为孩子们修建临时校舍。所用纸管材料都是当地提供，成本较低，可重复利用，而且是可再生资源，不会对当地环境产生负担。坂茂设计的建造方法简单有效，即使是没有任何建造经验的学生也能很快学会，来自中国和日本的120名大学生参与了这个项目。坂茂对于团队管理颇有经验，仅仅用了40天，这座拥有9间教室的小学便建造完成。它是汶川地震之后建立的第一所临时小学。2013年，四川再次发生地震，坂茂团队来到受灾严重的雅安市，在临时住宅社区里建造了一所幼儿园。这个项目的实施模式与华林小学类似，西南交通大学与京都造型艺术大学的学生合力完成了这家幼儿园的建造。

四川省成都市华林小学纸管临时校舍模型

四川省雅安市纸管幼儿园模型

克里斯特彻奇大教堂，新西兰，2013年

2011年，新西兰克里斯特彻奇市遭遇6.3级地震，城市的地标建筑——克里斯特彻奇大教堂严重损毁。坂茂团队应邀主持教堂重建工作。建造这座临时教堂主体的材料仍然是纸管。坂茂参照了原来大教堂的平面构成和几何构造，以集装箱（被用作办公室）为基座，将等长的纸管按照角度的渐变搭成高耸的尖顶，尖顶的承重墙由彩色小三角形玻璃组成，玻璃上的花纹是由原教堂彩窗上复刻而来。

这座建筑可以容纳大约700人，除了宗教功能，也可以作为大型公共活动的场所，甚至还可以举行音乐会。除了建筑本身，教堂里的基础设施，比如桌椅、讲道台、奉献箱、圣水盘等，也都用轻便的纸管和木材制作。值得一提的是，坂茂机智地说服了主教，用纸管为教堂制作了十字架。这位主教原先认为十字架是非常神圣的东西，纸管在他看来过于廉价和随便，然而坂茂告诉他，“神”和“纸”在日语中的发音是一样的，因此主教同意了坂茂的想法。由粗细两根纸管穿插制作的十字架，虽然没有通常所见十字架的边角，但其弧面上反射的柔和高光让这个神圣的符号变得轻盈且平易近人。也许在日常生活里，大家认为神是高高在上、令人敬畏的，但是在灾难里，人们的身体和心灵都急需庇护和安慰，并希望神成为一种触手可及的存在。如果不是对于灾民处境的感同身受，一个建筑师很难在十字架材料这种细节上下功夫。

纸板大教堂模型局部

厄瓜多尔纸避难所模型内部

厄瓜多尔避难所，2016

2016年厄瓜多尔地震后，当地一名建筑师随即通过VAN向坂茂求助。在坂茂到达厄瓜多尔两周后，当地建筑院校和相关部门的专家就组成了一支队伍来协助坂茂开展庇护所的搭建项目。他们把当地收集来的塑料啤酒箱里装满沙子作为地基，用纸管作为结构支撑搭建避难所的框架，然后把当地容易获取的竹子劈成竹条，以V形拼成墙壁并固定在纸管框架上，屋顶覆盖以防水材料和茅草。在厄瓜多尔政府和联合国的救援力量到达这一地区之前，坂茂完成了一批避难所的搭建，缓解了灾民的燃眉之急。

紧急避难所的「纸隔断系统」模型局部

紧急避难所的“纸隔断系统”

在一些重大灾害发生后，政府通常会将大批灾民集中在紧急避难建筑中，例如体育馆、教堂、学校教室等，以便等待下一步的救援安置。我们在新闻镜头中常常看到灾民们聚集在这些场所，除了可以得到少量应急物资以外，并没有太多的个人隐私空间，人人都很狼狈，焦虑的情绪在群体中蔓延，一切都似乎十分糟糕。然而，坂茂的“纸隔断系统”尽管看起来十分简单——只有纸管和布帘而已，却能够特别有效地缓和集体避难所里的糟糕氛围，使每个人、每个家庭都能够拥有一个相对独立的空间。而这种独立的小空间并没有令人们感到孤立，反而让整个紧急避难所形成了一个暂时的社区，一切重新变得井井有条。灾难也不再那么令人畏惧，它只是生活河流中一处湍急而狭窄的变奏，一切总会过去。

卷七　樟树下

祭祖。精神上的源与流

许天心

祭祖。精神上的源与流

许天心

【作者按】这是我“家庙营造三部曲”的第一篇。“家庙营造三部曲”通过“清明往记”“家庙记”和“木构改良记”，意在完整地回顾新式家庙空间探索的来龙去脉，并借此浅谈我对于家族意识、建筑中的日常性与精神性、传统木构的改良等诸议题的心得体会。

探石问路

在我20岁以前，脑中从没有过“家乡”的概念，我不清楚自己真正的家乡在哪里，也从没为此困扰过。作为一个中国人，这非常奇怪。

我从小在海外长大，读到小学五年级（11岁）时，被父亲要求接受中国教育，自此在北京读了初中和高中，随后考到杭州的中国美术学院。这20年，我的记忆被三座城市切分，既没学会方言，也从没体验过春节“回老家”或是清明“祭祖扫墓”——事实上，我大部分的家人都定居在北京。父辈中的多数赶上改革开放移居外地经商，或是赶上政治运动而长年移居海外，传统的家族观念已然淡薄；祖辈也在北京生活了50余年，加之都上了岁数，行动不便，多年没再回祖籍地了。所以，每年春节、清明等传统节日，我们只在北京过。我们这一代人，是一个个被现代城市生活观念洗涤的、几乎失去了文化身份和传统记忆的苍白的个体，孤立且无愁。不过像我这种情况，从小长大的地方、生活最久的地方和祖籍地都不在一处，那么哪里才是家乡呢？如果我一直生活在城市，那么这部分关于家乡和家族的意识就再不会有觉醒和发育的机会。

2013年清明节的一次祭祖扫墓，使我探到了通往家乡的路。祖父特意嘱托在深圳经商的堂叔带我回趟老家——安徽省合肥市庐江县白山镇黄娘屯村。这里的景象是我极其陌生的，它和我想象中的“家乡”一点也不一样。村里雾气很重，下着绵长的“清明雨”，四处是起伏平缓的田地，树木稀少。

当天清晨，堂叔很早把我叫醒，只见鞭炮和纸钱已经装满汽车的后备厢。有一个长我一岁、虽在北京工作却从未谋面的堂兄，也回到老家。他动作麻利，好像很熟悉扫墓的程序，而我只在一旁打着哈欠，发呆驻足，努力打消困意。堂叔拍了拍我的肩膀说："抓紧！一天要扫好几个墓，争取天黑前能扫完。"我抱起成捆的纸钱跟在他们后面小跑，纸钱上的图案让我好奇。不时环顾四周，远处的田间升起一缕缕青烟。

每到一处墓地，先是松开一捆鞭炮，然后把纸钱堆到石碑前点燃。待纸钱烧得旺起来，几个长辈便稍退两步跪在地上磕头，接下来是晚辈跪下磕头。磕完一轮后，所有人退开，点燃鞭炮。鞭炮噼啪作响，纸屑飞溅。人们沉默十秒钟，或仰头祈福，或垂头注目。待浓烟散去，一位长辈用带来的一块布掸去墓碑上的纸屑和灰尘，然后离开。我会回头望一眼扫过的墓再走，而他们已经走远了。如此反复，像任何一个仪式一样，肃穆而庄重。我从没在长辈面前磕过头，即使在过年领压岁钱的时候，除了拱手拜年，也没被要求过复杂的礼数。这次在祖辈的墓碑前下跪磕头，不自然地总是意识先行一步，身子迟疑半秒。这一迟疑，像是我内心难以辨析的对于家族和祖先的情愫。

祭扫的第三块墓，是潜川十七世祖，即我的列祖之墓，墓碑的刻文中还有我的名

堂叔站在世祖墓碑前

字。墓碑正面右侧自上而下依次是其子孙，即我的十八、十九世祖，左侧依次是我曾祖父辈、祖父辈，墓碑背面依次是我的父辈及同辈兄弟姐妹的名字。落款处刻有堂叔的名字：二零零六年大寒东岳捐资立。堂叔告诉我，这块墓地是村里风水最好的地方；据村里人说，十七世祖生前德高望重，是村里的老中医。

是夜，我一人睡老家的棕床。堂婶担心我不习惯南方的冷，特地为我多加了一床棉被。堂婶说，那是从老家棉花地里收上来的（棉花），暖和。那一刻，我觉得家乡不再是缥缈无形，它还会寻找化身来温暖我。

曾有一个朋友告诉我，一个人五辈之前的祖先，从生物遗传的角度来说，基本接近两个没有血缘关系的人了。争辩的话已到嘴边，可回想起那块墓碑——长我六辈的祖上和我的名字刻在同一块石碑上，不禁一股热流涌上身来。顺着时间追溯到的那个人，不停地在我内心放大，仿佛能依稀辨出他的样子。

临走那天，我指着远处的土丘和白房子问堂叔，为什么那里是秃的。堂叔说，老家有些人种树苗，每年清明之前会成片卖到城里，所以就秃了。不过这么说来，这里的树苗也可能会装点北京的街道。我与家乡相距甚远，从没见证过它的春种秋收，

左：潜川十七世祖的许章般之墓

右：族亲祭拜

这次我踏入了这片本应熟知的土地，而我像是从城里退回的树苗，找到一片心安的角落，扎下了根。

家乡最终是我承认和接受的那个地方，虽然我既没在那里生活过，也没有关于那里的记忆。从那时起，我决定和这个地方建立一种新的联系。

离开时，我对村口的老人说“我看见这棵树很亲切”时，他并不理解我说的“亲切”是什么意思。

字里寻根

两年后，我祖父在北京去世，一半的骨灰留在了北京，而另一半葬回了合肥老家。祖父生前嘱咐，叫我参与许氏宗谱的续修工作。现在回想起来，扫墓祭祖和续修家谱两件事，是紧紧地联系在一起的，祖父那时不动声色地精心安排，决定了我和家乡从此不解的关联。我已经意识到，续修家谱是字里的寻根，可能是一条更长更宽的溯源之路。

2015年冬，从家乡寄来沉甸甸的红木箱，上面刻有“高陽郡·許氏宗譜”几个大字。内有线装宗谱8册，制作精良。据其记载，汉时许氏祖先许据，官大司农，赐授高阳郡国公郡望。

上：秃田上的白房子
下：远去的路

四修《许氏宗谱》“序”曰：

国有史可悉历代之兴亡，家有谱乃知祖宗源本。我国有五千多年的历史，是礼仪之邦。从原始社会起，即有巢居猎聚，形成集会结社之风，结缘生息，区别姓氏。稽考许氏源远流长，出自炎帝之后，姜氏派衍，河南远祖，歙北近亲。唐末高阳许氏裔孙许儒不义朱梁，自雍州入歙，传二十五世至尧佐公，号伦岳。明初，从歙北许村金屏门迁居庐江，生息繁衍，育有三子，宗一、

宗二、宗三。宗一复居徽郡，宗二、宗三两公居庐，分东西两支，为尧佐公一脉，绵延相继也。我宗二公为东支，宗三公为西支，和睦相处，守望相助，六百四十多年，实汗颜愧对祖宗矣。

先祖垂训：宗谱三十年一小修，六十年一大修。本族自同治十三年续修后，因时变风移而搁浅，至今已逾一百三十六年，实汗颜愧对祖宗矣。

今逢盛世，数典思祖，本族继承尊宗敬祖传统，关心族事宗贤，殚精竭虑开展续修宗谱。我受宗亲厚爱，推举参与议事，诚情难却，欣然从命，绵力效之。

……（其间省略340字）

续谱工作暂告结束，殷切期望后辈宗亲以此为契机，适时修谱，世代不忘祖德，遵规守训，爱国爱族，修身齐家。

我因才疏学浅，文化有限，寥寥数语，不成敬意，敬请宗亲阁贤赐教，勉为记。

尧佐公廿二世裔孙 许峰拜辑

公元二零一二年壬辰十月

2015年冬，完成第四次修编的家谱寄到北京

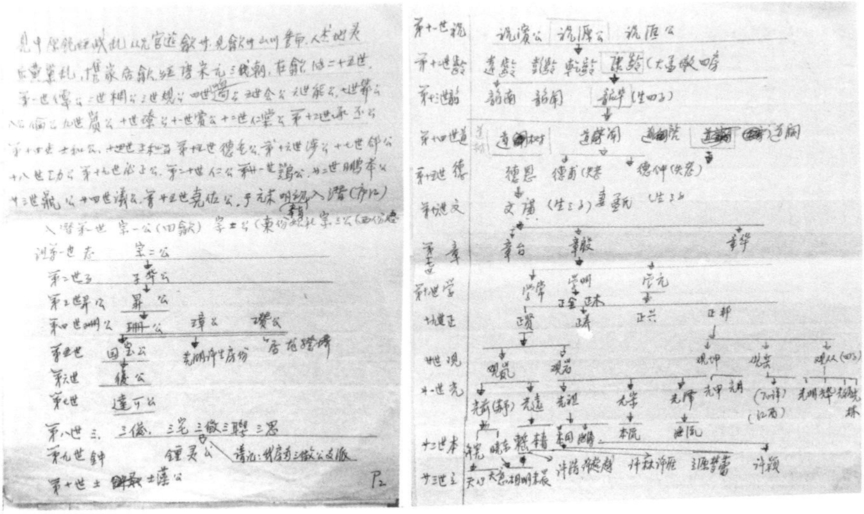

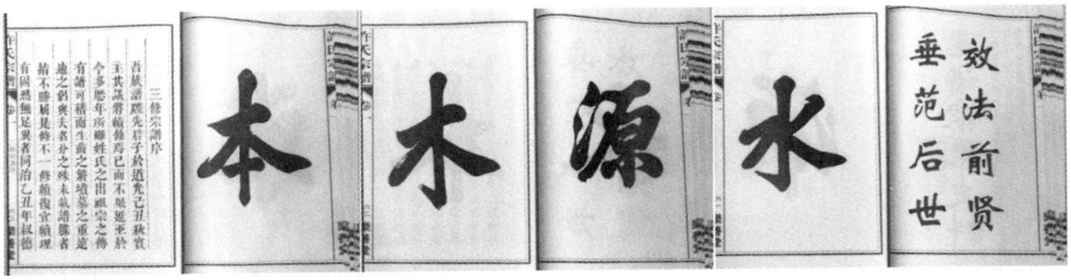

上：续修家谱过程中的手稿
下：许氏宗谱第一卷『效法前贤，垂范后世』『水源木本』

我在八册厚的《许氏宗谱》第六册中段找到了自己的名字。我清晰地记得那一瞬间无法准确述说的贯通感。震惊之处不止于此，还有序言，其记载详尽，先祖们的生卒可考。自唐末，先祖为躲避战乱举家入歙，那时带领家族迁居的便是许儒公。《宗谱》第二册记载，这位先祖生于唐懿宗咸通五年（864）。许氏家族在歙北许村金屏门地区繁衍二十五代后，于明洪武元年（1368）迁居至潜川（今合肥市庐江县）。入潜第一世祖为尧佐公，尧佐公育有三子，分别是宗一公、宗二公和宗三公，宗一公“复居徽郡”，宗二公和宗三公分为东、西两支，随后绵延相继二十余代，我家这一脉即出自宗二公。按照家谱中的记载，我属于“文广公支下学元公派”，潜川许氏第廿三世孙，按照辈分应属“立”字辈，不过现实中我的名字并没有遵循“辈字”。

这一份新的宗谱是以同治十三年（1874）的母本为原本，经四次续修而成。按照祖训，家谱应30年一小修，60年一大修，而此次距上次修编已过去140余年。

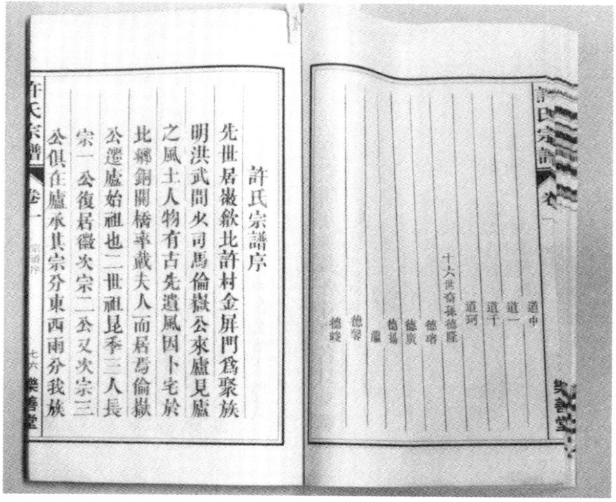

許氏宗譜序

先世居徽歙北許村金屏門爲聚族
明洪武間火司馬倫嶽公來廬見廬
之風土人物有古先遺風因卜宅於
北鄉銅關橋率戴夫人而居焉倫嶽
公遷廬始祖也二世祖昆季三人長
宗一公復居徽次宗二公又次宗三
公俱在廬承其宗分東西兩分我族

許氏宗譜 卷一 樂善堂

许氏宗谱序——纂修于清雍正元年 癸卯年秋（1723）

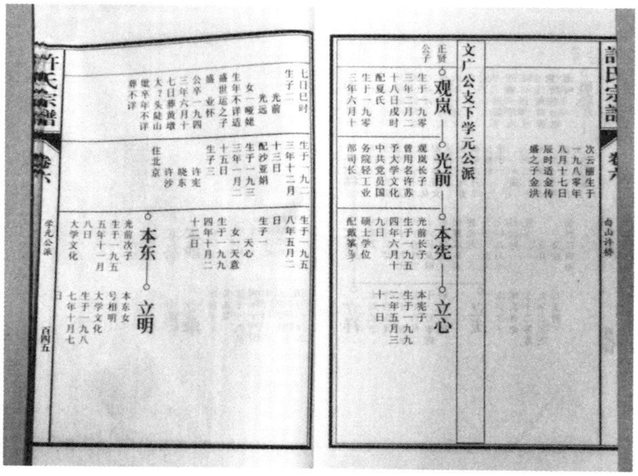

文广公支下学元公派

观岚—光前—本宪—立心

本东—立明

许氏宗谱第六卷 文广公支下学元公派 潜川许氏第廿世至第廿三世 光前为作者祖父，本宪为作者父亲 潜川许氏第廿三世 许立心 为作者本人

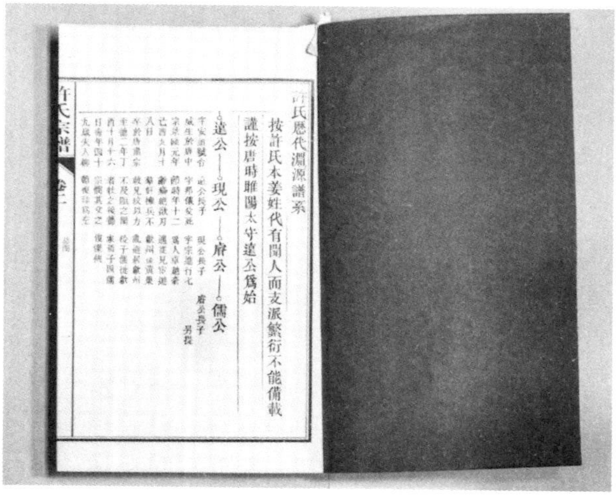

許氏歷代淵源譜系

按許氏本姜姓代有聞人而支派繁衍不能備載

謹按唐時睢陽太守遠公爲始

遠公—現公—府公—儒公

古歙许氏第一世祖——远公年代可追溯至唐末

我的祖父生前为此次修谱写下一段贺词，让我又一次想起他生前的样子。

尊敬的许氏各位宗亲：

欣闻我族宗贤，高瞻远瞩，煞费苦心效法前贤，垂范后世，做了一件人伦大事——续修宗谱，实为我家族的盛事，也是我们为之高兴的喜事。深处外向的我，热血沸腾，深感自惭，不能直接参与续谱相关事务，敬请谅解。但我深思，本族自定居庐江以来，生息繁衍，兴旺发达，遍于华夏，涉洋跨洲，世世有英雄，代代有良贤，作为许家人也为之骄傲和自豪。族恩难忘啊！今日有机会续修宗谱，特真诚向本届续谱的倡议者、领修者、编修者，各位首事、采丁员等，为续谱付出的辛勤劳动，以及资金赞助者和每位支持的宗亲，致以亲切的问候和感谢！

烈山传祖脉，衍生至潜川，许氏后代血脉相连，悠悠的历史，代代相传。今逢国兴家昌，我们要为祖国的强盛、社会和谐再谱新的华章。

最后祝许氏家谱续修成功，祝各位宗亲健康幸福！

尧佐公廿二世裔孙：许光前携妻、子、孙同贺

公元二零一二年壬辰十月

我们所处的时代，是一个极其没有历史感的时代，一方面，我们对时间细腻感知的机会大量减少，另一方面，现有的社会秩序似乎有意摧毁和掐断了人和时间真实而具体的关联。事实上，这样的环境令我们的认知需求极大萎缩。时间上，通常不需要了解一生所发生的事情，那实在是“太长了”，你只需要了解前后几年或几个月的事情就够了；空间上，我们在极度细分化的社会彼此分离，你除了认识身边少量的亲朋好友，知道一些历史上的名人以外，根本就记不起那些被叫作“祖先”的人。而祖先的教诲要求在时间和空间上拥有极大跨度和广度，在这样的尺度下，你要先认识自己的祖先和先于你存在的山川，再来认识自己。这是极其不一样的状态。

续修家谱这种古老的习俗，就是将千万同宗的个体约束在一起，厘清这个复杂的谱系，汇聚几十代人逐字逐句的书写接力，最终印刻在宣纸

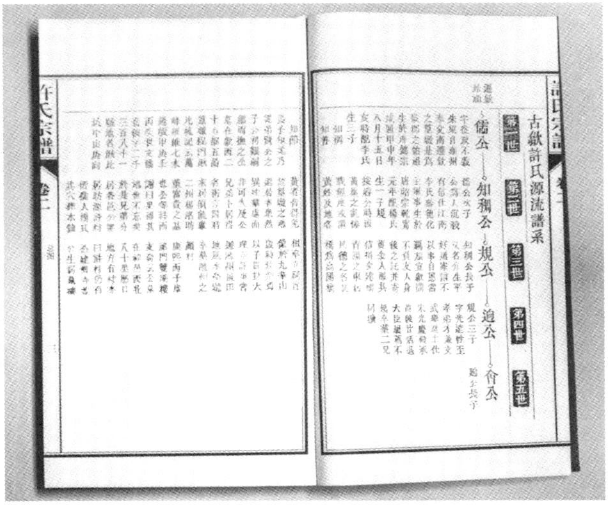

古歙许氏第一世祖——儒公

上，让观念变成实物。其间是祖先历经上千年抵达个体的路径，也是一个族群合并、分支、延续、中断的种种时间痕迹。续修家谱的意义就是，在这样一个极大却极具体的时空尺度下让你认识自己，时刻提醒你从不是一个孤立的个体，从不放大你个人的价值，你的观念里从此多出了一个新的时空坐标，你被放置在一个真实而具体的时空关系链中——清楚自己精神上的“源”与“流”，并且超越“此时此地”。在这个基础上，你才能成为一个有根基、有归宿的人，才能谦恭为人，才能有情有义。

这里我想援引一个相对开放的社会群体（非亲缘关系）在长久的历史中共同书写的过程，其历程很像是家谱的续编（以下内容摘取自艺术家邱志杰在其自媒体上刊载的文字，原标题为《强策展与个人创造》）：

> 我们一直有另一种做艺术的方法和看待艺术品的方法。我们把古往今来的艺术品视为一个连续体。单件作品的每一次再创造，都是已经持续千年的创造的延续与推进。每一个写下一首“金陵怀古”的诗词的诗人，都是在加入一场叫作“金陵怀古”的诗歌雅集，或者一首大诗的集体创作。……每一个作者，都是整理者、汇集者、阐释者，每一次创作，都在响应一场邀约，都在加入一个互文性的

集体创造网络。同时，他也是又一个新的邀约者。

苏东坡写下《黄州寒食帖》之后，黄庭坚在卷轴之后补写了一条题跋说："东坡此诗似李太白，犹恐太白有未及处……"然后，一代代的艺术家不断地加上自己的题跋，一千年后，卷轴越来越长……

艺术史是一场不息的接力创造，这本来浅显易懂。问题出在有一种艺术理论，把个体艺术家说成了神。这套神话让艺术家膨胀、狂妄，自以为自己的创造力独立支撑了一场创造，从此不知感恩，没有友谊，从此满腹心机，保密，用计；从此听不见邀约，看不见更广大的读者，也断绝了他创造力不竭的源泉；从此变得委琐，守着自己的一亩三分地，患得患失，自以为自治的同时，失去了自由。

我不希望这篇由个人往事和姓氏考据构成的"清明往记"变成一个封闭而个人的话题，而希望触碰到更广泛的公共议题甚至是人类命题。我想，讲述"家谱""祖先"的角度，不是试图回答其在现代社会中的意义，而是想说，这原本就不该是当下或过去的问题，这不关乎特定的时间，续修家谱和敬重祖先本身，正是在中国这片土地（儒文化圈）上，构成生命认知极其重要的部分，这是一个永恒的话题，正是回答了"你从哪里来""要到哪里去""要怎么看待自己与世界的关系"这些最根本的问题。如果你觉得这东西在当下已经太陈旧和过时，那只能说你放弃了一次用本民族的方式认知人性与人生的机会。

（本文图片由作者提供）

作者简介

任翔

英国谢菲尔德大学建筑学院设计理论博士，谢菲尔德哈莱姆大学建筑理论教师。

程力真

北京交通大学建筑艺术学院建筑系讲师，中国科学院大学建筑研究与设计中心在职博士生。长期从事建筑设计教育工作，因此特别关注建筑设计方法及建筑学的发展动向和相关理论。博士研究开启新的学术方向，以交通建筑为重点，同时也对作为时代背景的城市设计及乡村建设进行相关内容的学习和研究。

冯立

建筑设计师，香港建筑文物保护师学会专业会员，毕业于同济大学及香港大学，著有《邬达克的家》。目前工作、生活于沪港两地。

王铠

2013年东南大学建筑学院博士毕业，副研究员，国家一级注册建筑师。现为南京大学建筑与城市规划学院教师，可持续乡土建筑研究中心副主任。主要研究领域为乡土聚落、城市建筑、商业综合体设计，近年来在《建筑师》《建筑学报》《时代建筑》等专业期刊发表论文十余篇，并多次获得设计奖项。

张雷

1988年东南大学建筑系硕士研究生毕业，1993年瑞士苏黎世高工建筑系研究生毕业。2001年创建张雷联合建筑事务所（兼主持建筑师），现任南京大学建筑与城市规划学院教授，可持续乡土建筑研究中心主任。2009年5月被英国*ICON*杂志列为20位具有未来影响力的青年建筑师，2012年荣获“瑞士建筑奖”提名；张雷联合建筑事务所2008年入选美国《建筑实录》十大设计先锋事务所，作品《混凝土缝之宅》荣获英国《建筑评论》2008年ar+d国际青年建筑师奖荣誉提名。张雷近年来的设计作品在荷兰、法国、德国、意大利、日本和美国等地区，被国际高水平建筑杂志、刊物及国际展览广泛收录。

王惠民

祖籍浙江宁波，1960年生于台湾桃园，1977年高中二年级时，由辛意云老师授读钱穆先生书，获得对中国传统人文精神的启蒙。1978年入东海大学建筑系开始学习设计，1990年获聘加入台湾大学建筑与城乡研究所规划室，此后在宜兰县从事乡村规划设计至2007年，并在宜兰大学、兰阳技术学院、台湾科技大学兼职从事设计教学工作。2009年起，成立上海原乡环境设计公司，在浙江多地从事乡村设计工作。

刘昭吟

现为集美大学美术与设计学院教师、乡愁经济学堂秘书长。台湾大学建筑与城乡研究所博士、化学硕士，美国富尔布莱特学者，专注于地方与区域发展的产业经济与政策分析。近年的实践是在浙江省宁波市奉化区和福建省泉州市推动社区营造的社会空间治理，并通过主编微信公众号“乡愁经济”，推广理念、经验与反思。

齐晓瑾

1984年出生于湖北十堰，社会学系硕士毕业，现为清华同衡规划设计院人文与创意城市研究所城市规划师。因为深度参与福建历史城市保护工作，组织多学科田野调查，看到了很多有趣的历史线索。

刘衎衎

毕业于湖南第三师范学院，后至北京外国语学院英语系进修，一直从事NGO的教育与环保工作，2014—2017年任高黎贡手工造纸博物馆执行馆长。

叶曼

独立建筑师。德国包豪斯大学硕士，同济大学建筑学硕士，第15届威尼斯建筑双年展受邀设计师。

王美钦

生于福建仙游，本科毕业于福建师范大学美术系，美术史硕士毕业于中国艺术研究院，艺术史博士毕业于纽约州立大学宾汉顿分校，2007年至今执教于加州州立北岭大学，现为该校艺术系教授，主要讲授亚洲艺术通史和中国、印度、日本、韩国艺术通史，侧重于中国当代艺术研究，主要关注其在全球商业化和城市化背景下的发展和转型，近两年开始着重于社会参与式艺术的研究，特别关注艺术参与和介入乡村建设这个课题。

靳勒

艺术家，西北师范大学美术学院副教授。1991年毕业于西安美术学院，2000年毕业于中央美院雕塑系同等学历研究生班。2008年被石节子村民选为村长，同年创办石节子美术馆。出版有《艺术村庄》。

任知

诗人，作家、日本文化学者。南开大学毕业，曾为《假日100天》（人文版）编辑，昆明《生活新报》、广州《信息时报》、上海《时代报》专栏作家，有诗歌、影评、乐评、书评诸多文章散见于各大期刊杂志；曾主编独立诗刊《个》，著有诗集《孤屿心》，日本文化集《完全治愈系》《东瀛文人风谭》等。

吴文光

1956年出生于云南昆明，1982年毕业于云南大学中文系。曾做过中学教师、电视台记者和编辑，现为自由职业者，居住在北京。2005年，策划与组织村民影像计划；2010年，策划与组织民间记忆计划。纪录片作品有《流浪北京》（1990年）、《四海为家》（1995年）、《治疗》（2010年）、《因为饥饿》（2013年）、《回忆录：穿过》（2017年）等，短片作品有《日记：1998年11月21日，雪》（1999年）、《公共空间》（2000年）、《寻找哈姆雷特》（2002年）。发表作品《流浪北京》《革命现场1966》《江湖报告》《镜头像眼睛一样》，主编《现场》（出版三卷）。

徐佳和

毕业于华东师范大学中文系，在《东方早报》工作十余年，长期从事艺术评论工作，专注于当代艺术评论领域，撰写大量艺术报道，引起广泛关注与讨论。

伍忱

毕业于华东师范大学艺术学院，曾担任《艺术世界》杂志记者和编辑。现为自由职业者，生活和居住在上海。

许天心

“九樟”联合创始人，建筑师。本科毕业于中国美术学院建筑艺术系，硕士毕业于东京工业大学塚本由晴研究室建筑学系。其作品《家庙》中的木结构改良设计，曾随润·建筑工作室（Rùn Atelier）参展第15届威尼斯建筑双年展（中国馆）。九樟，致力于东方文化的价值挖掘与现代精神的重塑，围绕媒体传播、乡土研究、产业实践等工作，引导更广泛的社会群体关注人文、乡土议题，于实处改善当今人文环境的现状。

中国国家地理
CHINESE NATIONAL GEOGRAPHY

出 品 人：陈沂欢
策划编辑：刘 微
责任编辑：张 刚 武士靖
图片编辑：贾亦真
营销编辑：唐国栋
责任印制：焦文献
投稿邮箱：cngbook@cng.com.cn

碧山 第十二辑
主 编：左 靖
栏目主持：王美钦 许天心
编 辑：郭婧雅 王彦之
排 版：吴 倩
行 政：蒲 佳
推 广：夏渡培

封面/封底图：甘肃会宁库去村“芭莎·阳光童趣园”
建 筑 师：朱竞翔
摄 影：赵 妍

出 品
左靖工作室
Zuo Jing Studio